VANDA.(

Giuseppina Norcia

# Siracusa

## Dizionario sentimentale di una città

*con foto di Mario Dondero*

VandA.ePUBLISHING

Sede legale e redazione: Via Cenisio, 16 - 20154 Milano

Prima edizione digitale: marzo 2014
Prima edizione cartacea: maggio 2014

Impaginazione: eBookFarm
Grafica di copertina: Network Comunicazione
Foto di copertina: Mario Dondero, *Particolare della Fontana di Diana*
Foto all'interno: Archivio Fondazione INDA, Archivio Storico Fotografico Maltese, Daniele Aliffi, Mario Dondero, Luana Iudica, Giuseppina Norcia, Aldo Palazzolo, Maurizio Zivillica
Disegno cartina topografica di Ortigia: Renata Emmolo


www.vandaepublishing.com

ISBN 978-88-6899-049-7

# Sommario

*A nonna Felicetta, per i nostri*
*indimenticabili pomeriggi*

*Al Maestro Ikeda,*
*che mi ha insegnato il coraggio*

# Prologo

Di Siracusa potrei dirti molte cose, ma sarebbe come non dirti nulla. Perché la città dei desideri scivola sempre dentro quella della realtà, la modella, la inventa a tal punto da non sapere io stessa quale sia la verità.

Il modo in cui raccontiamo una città non è che lo specchio della nostra anima.

Ho sognato di essere felice, qui. Un mosaico di infinite storie guariva una terra malata.

Ma ho visto anche città diverse separarsi sopra lo stesso nome o succedersi indifferenti e distratte, senza neanche guardarsi. Allora ho sentito come un suono di solitudini, di fughe immaginarie, di incolmabili distanze. Così non so dire se Siracusa sia una città felice o infelice.

Siracusa la lucente, cui molti volti furono dati nei secoli, conserva nella sua materia e nella sua stessa natura la chiave della sua fortuna o della sua rovina.

E se le vite che si avvicenderanno sapranno darle nuova forma credendo di possederla, sarà Sua comunque l'ultima parola.

Siracusa l'indomita. Ho dovuto guardarla da lontano per vederla intera, nella vertigine di un giorno di vento e vele spiegate a Newport. Perché se è vero che basta un punto di appoggio per sollevare il mondo, bisogna poi trovare la buona distanza, il braccio lungo della leva, per portarlo in alto, quel mondo, e vederlo galleggiare su di noi, come se non avesse peso.

Poi l'ho abitata, ancora. E ho lasciato che mi abitasse.

Ne ho cercato l'anima che si rivela senza dissimularsi in maschera, che non lascia la sua luce scivolare via nei sotterranei imprendibili. La vita che affiora nei segni del suo corpo fatto d'acqua e di pietra, nella roccia scavata, nei graffi dei muri che paiono linee di una mano immensa.

E, china sul suo cuore di conchiglia, ne ho sentito l'alfabeto segreto.

# A

## Aretusa

> Alfeo e Aretusa: acqua con acqua, la sorgente che sgorga dalla terra, la corrente che risale dalle profondità marine, l'incontro di due linfe che hanno viaggiato a lungo.
>
> Roberto Calasso, *Le nozze di Cadmo e Armonia*

Aretusa. Nel cuore di Ortigia questa bellissima ninfa greca ha la sua casa.

Come se fosse un libro di pietra, la *Fontana di Diana* (o *Artemide*), in Piazza Archimede, ne racconta la storia, presentandoci uno a uno i suoi personaggi: al centro Artemide[1], dea cacciatrice con arco e faretra, e, sul capo, la mezzaluna, simbolo della sua natura misteriosa e segreta; ai suoi piedi una fanciulla, che solleva impaurita il braccio, quasi a coprirsi il volto: è Aretusa in fuga dal suo inseguitore, Alfeo, che si protende verso di lei per afferrarla, con un corpo agile e muscoloso.

C'è una levità tutta particolare in questa fontana che lo scultore Giulio Moschetti[2] realizzò ai primi del Novecento. E le creature carnali e acquatiche che la popolano, la sirena e i tritoni dal corpo sinuoso che sfuma in una duplice coda marina, non sembrano costruite in legno e cemento ma agili e vive, pronte a tuffarsi in mare o nelle acque fresche di un fiume.

Aretusa. Tutto qui parla di lei, a tal punto che la città ne

---

[1] La dea greca cui corrisponde Diana nel pantheon romano.

[2] Lo scultore fu coadiuvato dal figlio Mario, che concluse l'opera dopo la morte del padre.

ha inciso il volto sulla moneta greca[3] facendone uno dei suoi simboli; le Siracusane amano portarne al collo riproduzioni in argento, o indossare gioielli che ne richiamino l'immagine, vista di profilo, con i capelli ricciuti, ondosi, in mezzo ai delfini.

Per sentire la voce della ninfa bisogna attraversare Piazza Duomo, che si inclina come una nave sullo Ionio, scendere a piedi per Via Picherali, verso il mare, e affacciarsi dalla balaustra sullo specchio d'acqua della *Fonte Aretusa*, mentre i papiri ondeggiano al vento con i loro capelli verdi. Oggi la sorgente vive dentro un invaso ottocentesco, ma nell'antichità le sue acque sgorgavano libere da una cavità delle rocce, su una superficie incredibilmente ampia, ricca di pesci, in riva al mare: i disegni dei viaggiatori del *Grand Tour* la ritraggono ancora così, popolata da donne che lavano i panni, in un'atmosfera domestica e insieme sentimentale.

Questa parte di Ortigia è piena di vicoli sotterranei e segreti che si aprono su cisterne in cui si raccoglieva l'acqua dalle vene idriche del suolo; furono scavate nella roccia più tenera probabilmente in epoca classica, come suggerisce il taglio della pietra molto simile a quello delle latomie, e poi adibite, tra il Cinque e il Seicento, a concerie per la lavorazione dei cuoiami[4]. Esistono ancora, a *Largo Aretusa* e ai numeri 6 e 11 del *Lungomare Alfeo*, nascoste e spesso sconosciute anche a chi ama trascorrere i pomeriggi e le calde sere d'estate nei bar o nei numerosi locali che si affacciano sul porto.

Ortigia ha fianchi duri e un cuore d'acqua dolce.

Se siete fortunati, se non avete fretta di passare ad altro per divorare la bellezza della città in una giostra di visite fugaci, sarà proprio Aretusa a raccontarvi la sua storia. Così fece con il poe-

---

[3] I tetradrammi e i decadrammi, del IV sec. a.C., incisi da Kimon, Eukleidas ed Euainetos.

[4] L'acqua vi penetrava dai meati naturali, a volte allargati da cunicoli naturali e artificiali.

*La Fontana di Diana* (o *Artemide*) *realizzata da Giulio Moschetti.*
Foto di Mario Dondero

ta Ovidio quando, con ogni probabilità, passò da qui dopo aver visitato Atene, allora meta di studi per i rampolli dell'alta società romana. Deve essere stata lei a dire ogni cosa di sé al giovane cantore delle *Metamorfosi*[5], che ancora non sapeva ciò a cui era destinato: vivere la doppia infelicità di conoscere prima il successo e l'esilio poi, in luoghi lontani da questa luce, a Tomi, sul Mar Nero, dove sarebbe morto segregato e malinconico.

Mi chiamo Aretusa e sono greca, straniera in questa terra che oggi mi è più cara di qualsiasi altra. In Acaia ero una delle ninfe di Artemide, quando amavo correre tra i boschi ed ero giovane e bella, sebbene questo, più che darmi piacere, mi facesse arrossire.
Mentre tornavo dalla foresta di Stinfalo, un giorno in cui il caldo e la stanchezza raddoppiavano la smania, trovai un corso d'acqua, privo di gorghi, talmente trasparente da lasciare intravedere tutti i sassi del

[5] La versione del mito di Aretusa da cui queste pagine traggono ispirazione è raccontata da Ovidio nelle *Metamorfosi*, V, vv. 577-642.

fondale, fino a poterli contare. Più che un fiume, sembrava un giardino che si specchiava su se stesso, grazie al verde riparo d'ombra che i salici e i pioppi offrivano tutto intorno.
Così mi accostai, appesi le vesti ad un ramo e mi tuffai: fu solo allora che, dal fondo, giunse un mormorio indistinto che mi terrorizzò e mi fece balzare sulla sponda più vicina. Era il fiume Alfeo a parlare, dal centro di un gorgo, con una voce roca che mi mise in fuga, nuda, così come mi trovavo. Allora presi a correre, come una colomba inseguita da uno sparviero, attraversando campi e ponti selvosi, saltando macigni e rocce. Correvo, sempre più veloce, più sciolta, col cuore che bussava; correvo, con la vista annebbiata, come non avevo mai fatto, neanche inseguendo un cervo; correvo, quasi senza contatti con la terra: ero movimento, respiro, fatica, sentivo il mio cuore impazzito battere in ogni punto del mio corpo.
Non appena rallentai spossata, il sole disegnò dinanzi a me l'ombra gigantesca del fiume fattosi uomo; ne sentii il respiro tra i capelli...
– Aiuto! – Gridai. E un silenzio improvviso piombò su di me che ero diventata invisibile. La dea Artemide aveva avuto pietà e mi aveva nascosta dentro una nube ma Alfeo, pur non vedendomi, non si arrendeva, e continuava a girare intorno, fiutando, come se avvertisse che proprio lì era nascosto l'oggetto del suo desiderio.
Ero assediata, braccata, temevo che lui potesse sentire anche i battiti del mio cuore; per la paura cominciai a sudare e gocce azzurre presero a stillare dal mio corpo tremante, teso come un arco. D'un tratto i capelli morbidi, le mani dalle lunghe dita, le gambe veloci e stanche di fuggire, iniziarono a perdere consistenza, come se si sciogliessero, e questa sensazione mi diede una strana, improvvisa quiete.
Avevo smesso di avere una forma e mi ero trasformata in acqua.
Ma neanche questo poté salvarmi dal mio instancabile pretendente. Riusciva a leggermi dentro, Alfeo, a carpire la mia essenza, e mi riconobbe ancora; allora depose l'aspetto umano che aveva assunto e tornò ad essere fiume per ricongiungersi a me.
Di nuovo e per l'ultima volta Artemide mi salvò, spaccando la terra e facendomi scorrere via dalla Grecia, immersa dentro cieche caverne sotterranee. Vidi Ade e la malinconica sua sposa Persefone, e tutto il regno dei morti che vagano senza meta: l'ombra della vita passò dinanzi al mio sguardo di fuggitiva. Sgorgare dal fianco di Ortigia fu come un respiro immenso, nella notte piena di stelle in cui finalmente, qui a Siracusa, si concluse il mio viaggio.

*Siracusa, particolare della Fontana di Diana* (o *Artemide*) *realizzata da Giulio Moschetti*. Foto di Mario Dondero

Così, più o meno, raccontò la ninfa al poeta.

Eppure, qualcuno giurerebbe d'aver visto Alfeo svanire, in Grecia, presso Olimpia, per vie segrete sotto la terra e sotto il mare, e mescolarsi alle sicule onde proprio qui[6], Aretusa, sulla tua bocca...

[6] È, questa, la versione del mito di Aretusa raccontata da Virgilio nell'*Eneide*: «Davanti al golfo sicanio giace un'isola, di fronte al Plemmirio ondoso, gli antichi la chiamarono Ortigia. Si narra che Alfeo, fiume dell'Elide, qui venne, per vie nascoste sotto il mare: ora qui, sulla tua bocca, Aretusa, alle sicule onde si mesce». Virgilio, *Eneide*, III, v. 692 ss.

# B

## Bagno ebraico: *miqweh*

Soltanto una sorgente e un pozzo,
una raccolta d'acqua sarà pura.

Levitico 11,36

Quando arrivava "quel giorno" del mese, ogni donna ebrea avvisava subito il marito e lui si allontanava, non la toccava più, per tutta la durata del ciclo mestruale. Non poteva darle nulla da mano a mano, né mangiare con lei, né bere dal suo bicchiere. Poi, alla fine del ciclo, lei si lavava, tagliava le unghie, pettinava i capelli, cambiava le lenzuola e attendeva altri sette giorni prima di recarsi nel *miqweh*, il bagno rituale per la purificazione: allora era finalmente pronta a incontrare il marito e a concepire una nuova vita. Un ordine matematico scandiva il ciclo di morte e rinascita che regolava l'esistenza di questa donna, in una costante oscillazione tra impurità e fertilità che non ammetteva deroghe né divagazioni sentimentali.

Seguiamola con l'immaginazione mentre percorre le strade della *Giudecca* (vedi voce *Giudecca*), il quartiere ebraico di Ortigia, lungo *Platea Parva* e *Ruga delli Bagni*, e ancora mentre scende diciotto metri sottoterra, lungo tre rampe di scale che la portano in una stanza quadrata scavata nella pietra. Qui, spogliatasi di ogni abito e oggetto, si immerge fino alla testa nell'acqua gelida della vasca rituale per presentarsi al marito pura e prepararsi al mistero della creazione della vita[1].

---

[1] In una visione che faceva della mestruazione uno dei segni del peccato dell'umanità, l'immersione nel bagno permetteva alla donna di rinnovarsi e dare inizio finalmente a un altro ciclo vitale.

*Palazzo Montalto, particolare raffigurante una stella di David.*
Foto di Daniele Aliffi

Questo luogo così "speciale" possiamo vederlo ancora oggi, perfettamente conservato, nell'ipogeo di *Casa Bianca*: è il *miqweh* della più grande comunità ebraica siciliana, dopo quella di Palermo, in età medievale.

*Via Alagona* n. 52. Varchiamo la soglia del palazzotto che è lo scrigno di un tesoro rimasto nascosto per secoli, da quando gli ebrei cacciati da Siracusa nel 1492 lo seppellirono perché non fosse profanato. Ed è rimasto per certi versi incomprensibile, questo spazio, anche agli eruditi e agli studiosi (Logoteta, Politi, Capodieci) che nel Settecento e nell'Ottocento ne hanno conosciuto frammenti, visioni parziali. Solo in tempi recenti, anche grazie alla dedizione e all'interesse di Amalia Daniele, proprietaria del palazzo che oggi ospita una raffinata residenza alberghiera, l'ipogeo è stato dissepolto da carichi di detriti e ha rivelato, finalmente, tutta la sua storia e la sua magia.

Attraverso una scala che ancora conserva intatti gli incavi per le lucerne, scendiamo nel sottosuolo fino a raggiungere la sala quadrata del *miqweh*, con i quattro pilastri scavati nella roccia a sorreggere una volta a crociera e le volte a botte di quattro ambulacri laterali.

Eccole, al centro, disposte a quadrifoglio e profonde circa tre braccia, le tre vasche rituali che attingevano a una falda d'acqua dolce: le donne vi entravano per la purificazione scendendo i gradini intagliati nella roccia; i corridoi conducono invece ad altre due vasche separate, uno spazio più riservato.

Quelle vie d'acqua sotto il suolo di Ortigia che i Greci avevano immaginato popolate da ninfe e semidei divennero qui la fonte della purificazione dal peccato, il viatico della rinascita o della conversione, la nuova vita per eccellenza cui accedere per immersione nel bagno rituale: bisognava che tutto il corpo fosse toccato dall'acqua e nulla rimanesse asciutto; persino la presenza di un anello poteva pregiudicare la purificazione, che doveva essere ripetuta.

La stessa pratica rituale era riservata alle stoviglie, come "raccontano" tre donne velate raffigurate in una incisione della *Haggagah*[2], conservata al British Museum, mentre le introducono dall'alto: anche a quest'uso era destinato il *miqweh* di Ortigia, come attestano i numerosi frammenti ceramici ritrovati nelle vasche.

La "raccolta d'acqua" – *miqweh* – doveva avere requisiti molto particolari: non poteva esservi portata ma bisognava che affiorasse da sé, da una sorgente naturale, o che piovesse dall'alto; doveva nascere dalle viscere della terra o da quelle del cielo.

Prima di risalire verso la luce posiamo l'ultimo sguardo su questa stanza a tratti simile a una tomba, su questo luogo ipogeo in cui si entrava in una condizione di "non vita", quasi di latenza, per poi uscirne rinnovati. E osservandolo percepiamo con chiarezza come il *miqweh* non racconti solo la Giudecca

---

[2] Il testo più importante della Pasqua ebraica.

*La sala del* miqweh *e le vasche rituali.*
Foto di Daniele Aliffi

e la comunità ebraica che visse in questi luoghi fino alla fine del Quattrocento. Un passato ancora più remoto affiora e parla attraverso la pietra, nella maestria del taglio preciso e potente che richiama le latomie di età classica e i gradini del Teatro scavato sul fianco del Temenite, come se la città non fosse costruita ma "estratta" dalla roccia e vi respirasse dentro, trasformando nei secoli pozzi e acquedotti sotterranei in catacombe cristiane, necropoli, nascondigli, immaginifiche grotte, rifugi antiaerei…

Siracusa scultura vivente.

# C

## Cave di pietra: latomie

> Dalle bocche delle latomie sorse allora un fiato di terra marcia, di fiori consunti.
>
> Gesualdo Bufalino, *La luce e il lutto*

Ci sono posti che rubano il fiato, le latomie sono uno di quelli. Non si può comprendere Siracusa senza vedere le sue cave di pietra, perché è di questa materia che è fatta, è questo calcare che le dà forma e fa di lei la città bianca, la terra della luce, della bellezza quasi insostenibile.

Se poi si arriva dopo aver visitato Catania, la città di pietra nera, vulcanica e sensuale, infera e terragna, il contrasto assume tratti esemplari, di una chiarezza che non lascia spazio al dubbio. Due città opposte, diverse e intime, come se l'una confermasse l'altra. La Sicilia è terra di contrasti folgoranti, si sa.

Latomie[1]: è qui la chiave di tutto. Da questa pietra nacquero palazzi e templi, colonne e fortezze; da qui furono ricavati i blocchi con cui costruire il Teatro adagiato sul Temenite.

In principio, quello che ora appare come un arco di pietra che si estende per un chilometro e mezzo, pieno di grotte, doveva essere un enorme costone roccioso affacciato sul Porto Grande; poi divenne cava da cui furono estratti milioni di metri cubi di pietra calcarea. Eccole, da ovest verso est: le *Latomie del Paradiso* (con l'*Orecchio di Dionisio*, la *Grotta dei Cordari* e la *Grotta del Salnitro*), le *Latomie della Intagliatella*, quelle di *Santa Venera* e, ancora, le *Latomie del Casale*, su cui si affaccia una via

[1] Dal greco *lithotomia*, cava di pietra. Da *lithos* (pietra) e *temno* (tagliare).

stretta e seminascosta in un angolo deserto e segreto nel cuore pulsante della città.

L'arco delle cave urbane si chiude con le *Latomie dei Cappuccini*, proprio accanto al convento dei frati. Le più belle, insieme a quelle del Paradiso.

«Sillabe d'ombre e foglie / sull'erbe abbandonati / si amano i morti»[2], scrive il poeta Quasimodo ispirandosi a questi luoghi.

Sembra che il tempo si sia fermato, in *Viale Paradiso*, la strada che costeggia l'omonima, spettacolare cava rocciosa: è emozionante vederla dall'alto, percorrendo in discesa il viale che si affaccia sulle sue bocche vestite di edera. E poi scendere ancora, attraverso una via alberata in cui gli oleandri, crescendo e incontrandosi dai lati opposti del sentiero, si inarcano in una volta verde inondata di frescura anche nei pomeriggi di estate.

C'è uno strano *genius loci*, una creatura bifronte, in questo posto che è stato prigione (di massima sicurezza, al dire di Cicerone...)[3], luogo di torture e di tormenti e che oggi appare così estraneo al male e alla sofferenza da essere piuttosto un rifugio, un sanatorio dell'anima. Non ci sono terre pure e terre impure di per sé: dipende tutto dal cuore degli uomini che le abitano, dai loro pensieri, dalle loro azioni.

Queste cave furono certamente utilizzate a partire dal VI secolo a.C., ma il primo a dare un indizio cronologico sicuro è lo storico Tucidide[4], che ne parla come di un luogo in cui languirono settemila prigionieri ateniesi a seguito della sconfitta inflitta loro dai Siracusani, nel 413 a.C.

Due anni prima erano salpate da Atene alla volta di Siracusa centotrenta navi al comando di tre strateghi: Alcibiade,

---

[2] Salvatore Quasimodo, *Latomie*, in *Tutte le poesie*, 2003.

[3] Cicerone, *Il processo di Verre*, V, 68: «Non si potrebbe costruire e neppure immaginare nessun carcere meglio sbarrato nelle sue uscite, più perfettamente chiuso da tutti i lati, più sicuro ai fini della custodia dei prigionieri».

[4] Tucidide, *La guerra del Peloponneso*, VII, 86-87.

Nicia e Lamaco. Con il pretesto di aiutare l'alleata Selinunte, gli Ateniesi volevano impadronirsi della più potente fra le città greche di Occidente. Ma proprio quando l'assedio prolungato stava per mettere in ginocchio la città, ormai bloccata per terra e per mare, e i Siracusani stavano per arrendersi, l'arrivo degli alleati Dori, con un contingente spartano e una flotta corinzia, cambiò improvvisamente le sorti della guerra: la flotta ateniese fu sconfitta in un'epica battaglia navale nel porto di Siracusa. I prigionieri ateniesi e i loro alleati furono adunati insieme, le armature appese agli alberi più belli e più grandi, mentre i vincitori si incoronavano di fiori, addobbavano splendidamente i propri destrieri e crudelmente tagliavano le criniere a quelli dei nemici: l'umiliazione inflitta ai vinti si estendeva ai loro animali e ai loro oggetti, senza saggezza e senza rispetto.

Alcuni uomini, venduti clandestinamente e trattati come bestie, subivano anche l'oltraggio fisico di essere marchiati sulla fronte con un segno a forma di cavallo.

I generali ateniesi furono condannati a morte; gli attendenti e gli alleati gettati nelle latomie, dove a migliaia morirono di fame e di stenti. Molti, non tutti.

Anzi, se vogliamo credere a quanto racconta Plutarco[5], alcuni riuscirono a salvarsi grazie a Euripide. Sembra infatti che i Greci di Sicilia amassero particolarmente il drammaturgo ateniese, ma poiché al tempo le opere erano messe in scena una sola volta[6], non rimaneva che studiare a memoria e passarsi l'un l'altro i versi che di quando in quando portava loro qualche viaggiatore da Atene.

Il prigioniero fruga ora nella memoria e recita al suo carceriere ciò che ricorda, alitando in quei versi di Euripide la sua ansia di vittima, la sua brama di libertà. Avrà raccontato storie di guerra, forse, come quella che lui e i suoi compagni aveva-

---

[5] Plutarco, *Vite parallele*, *Nicia*, 17, 29-30.

[6] Fuorché in casi eccezionali, non esisteva il concetto di replica.

*La Grotta dei Cordari, in un'immagine d'epoca.*
Foto di Angelo Maltese

no appena vissuto e che li aveva decimati; storie di crudeltà, di miseria, per suscitare pietà e paura, come il somministrare una misurata quantità di veleno si trasforma in antidoto. Avrà detto di Astianatte, figlio di Ettore e Andromaca, che i Greci fecero precipitare dalla rocca di Troia per il timore che, una volta cresciuto, potesse vendicarsi e fare risorgere Ilio opulenta. Avrà recitato il lamento della regina Ecuba[7], condannata a sopravvivere ai suoi figli, a conoscere l'infelicità dopo aver avuto tutto perché "nessun uomo può dirsi felice prima di giungere all'ultimo giorno di vita".

Si racconta che gli Ateniesi tornati a casa sani e salvi grazie alla poesia di Euripide siano andati a salutarlo con grande trasporto e gli abbiano detto d'essere stati liberati dalla schiavitù per aver insegnato ciò che ricordavano delle sue tragedie; o di aver trovato da sfamarsi e dissetarsi, nel triste vagabondaggio successivo alla guerra, recitando uno dei suoi cori.

Non sappiamo se questa meravigliosa storia tramandataci da Plutarco sia vera, di certo testimonia quale credito, quale inestimabile valore i Greci attribuissero alla poesia, alla parola, al teatro. E sembrano proprio personaggi euripidei quei prigionieri chiusi dentro le latomie con i loro carcerieri, Greci contro Greci, in quel conflitto senza eroi che fu la Guerra del Peloponneso.

Le latomie non sono soltanto un luogo fisico, un magazzino d'ombra e di frescura, ma sono fatte delle storie di cui sono intrise. Come quella del poeta Filosseno, che vi fu rinchiuso da Dionisio perché non apprezzava i componimenti poetici del tiranno; o come i racconti e i disegni dei grandi viaggiatori del Settecento, che ne rimasero incantati e le descrissero declinandone la bellezza in incisioni e *guaches* di grande suggestione.

Il dolore e la fatica si sono trasformati in bellezza. Da questo luogo, divenuto poi fonte di ispirazione artistica, sono stati

---

[7] Euripide, *Le Troiane*, in particolare vv. 1155-1283.

estratti circa ottocentocinquantamila metri cubi di pietra; migliaia di uomini si sono addentrati nel cuore della cava, risparmiandone alcune parti che dovevano sorreggere quelle grotte nate dal loro immane lavoro. Il pilastro roccioso che si erge dentro la latomia ne è un esempio: alla sua sommità porta tracce di costruzioni, a testimonianza che prima del terremoto del 1693 doveva esistere un grande pianoro su cui la gente aveva edificato e che quanto oggi appare come un giardino a cielo aperto era ricoperto da un enorme tetto di pietra.

Prima di andare via, entrate nell'*Orecchio di Dionisio* (vedi voce *Dionisio*), rimaneteci quasi in silenzio, o bisbigliate appena, per scoprire che a questo luogo bastano suoni impercettibili per moltiplicarli dentro un magico specchio sonoro. Tutto fa eco. Le ali degli uccelli, i vostri passi che si addentrano nell'antro, un battito di mani, un sussurro.

Uscendo, percorrete il sentiero che conduce alla *Grotta dei Cordari*, dove fino a trent'anni fa questi artigiani un po' magici lavoravano alla ruota fabbricando le corde di canapa; la grotta in cui veniva spesso Churchill a dipingere, durante il suo soggiorno a Siracusa, e dove, dicono alcuni, persino San Paolo si fermò a predicare, a trasmettere la luce della sua folgorazione.

Rimaneteci, se potete, sino al tramonto che infuoca il cielo.

# D

## Dionisio

> Ma tutti sappiamo bene quanta costrizione si mescoli sempre alle preghiere dei tiranni.
>
> Platone, *Lettera VII*

Malta, 1608. Michelangelo da Caravaggio si trova nell'isola dove ha ottenuto la massima onorificenza dell'Ordine dei Cavalieri di San Giovanni, ma le sue sorti si ribaltano improvvisamente quando si scopre che ha commesso l'assassinio di Ranuccio Tomassoni, ucciso a Roma per futili questioni di gioco. Il maestro viene rinchiuso nel Forte Sant'Angelo, da cui riesce a evadere il 6 ottobre dello stesso anno; la fuga lo porta a Siracusa, dove lascerà uno dei suoi capolavori, il *Seppellimento di Santa Lucia* (vedi voce *Lucia*).

Braccato, Caravaggio vuole visitare le latomie e lo fa con l'archeologo Vincenzo Mirabella. I due giungono insieme dinanzi a una delle grotte più suggestive del luogo e il Mirabella racconta una storia a quel viaggiatore d'eccezione: gli dice che, al tempo del tiranno Dionisio, l'antro era stato una prigione i cui reclusi non potevano proferire parola senza essere uditi (vedi voce *Cave di pietra*). Secondo questa storia secentesca di spionaggio *ante litteram*, la grotta era scavata nella roccia in modo da culminare in un canale posto nella sua parte superiore, a sua volta collegato tramite un foro alla stanza del custode o dello stesso tiranno. L'attuale ingresso della grotta doveva dunque essere chiuso: per questo la voce che oggi torna indietro ed esce dalla bocca di accesso andava a canalizzarsi direttamente nel condotto creato per ascoltare, ed entrare nelle vite degli altri. Ciò permetteva a

Dionisio di sentire ogni piccolo movimento, ogni sussurro, ogni progetto di ribellione o di fuga: sembra quasi di vederlo, questo tiranno-inquisitore un po' greco e un po' secentesco, ricurvo a origliare, avido e spietato.

Ma la sensibilità del pittore si spinge oltre, come se i pensieri e le ossessioni di Dionisio potessero dare forma a un'architettura mirabile e perversa, a un orecchio di pietra progettato appositamente a imitazione dell'organo umano.

«Non vedete voi», dice Caravaggio alla sua guida, «come il Tiranno per voler fare un vaso, che per far sentire le cose servisse, non volle altronde pigliare il modello, che da quello, che la natura per lo medesimo effetto fabricò. Onde ei fece questa Carcere a somiglianza di un Orecchio»[1].

Caravaggio inventa una storia ispirandosi a un mito precedente e lo fa dando corpo ancora una volta alle sue paure, all'ansia di chi deve guardarsi da tutto e da tutti: il maestro che visita l'Orecchio è lo stesso artista che avrebbe realizzato il proprio autoritratto nella testa mozzata di Golia, guardando la morte in faccia. Da lì a poco il genio in fuga sarebbe ripartito da Siracusa, ma da quel giorno, dopo quella visita particolare, il luogo che era chiamato *Grotta della Favella* avrebbe preso il nome che porta ancora oggi: *Orecchio di Dionisio.*

Chi era veramente Dionisio il Grande?

Andiamo ancora indietro nel tempo, alla fine del V secolo a.C., quando questo giovane appena venticinquenne entra come un astro nella scena politica siracusana.

Abile e combattivo, Dionisio trae vantaggio dalla situazione di anarchia, favorita all'interno della città dallo scontro tra fa-

---

[1] Vincenzo Mirabella ne parla nel suo *Dichiarazioni della Pianta dell'Antiche Siracuse, e d'alcune scelte medaglie d'esse, e de' Principi che quelle possedettero*, pubblicato a Napoli nel 1613. Cfr. anche Vincenzo Mirabella e Giacomo Bonanni, *Delle antiche Siracuse*, vol. II, 1987, p. 99; e Paolo Militello, 2010.

zioni e all'esterno dall'avanzata cartaginese che in breve tempo ha messo in ginocchio Selinunte, preso Imera e conquistato l'opulenta Agrigento. I Siracusani capeggiati da Dafneo non sono stati capaci di difendere i Greci di Sicilia da un esercito punico formato da cittadini, sudditi libici, mercenari, e che rischia di sommergere tutto come un'onda anomala. Dionisio accusa i governanti, denuncia la cattiva conduzione della guerra, la classe dirigente corrotta e pavida: si fa amico il popolo, i patrioti, le classi povere. Non passa molto tempo perché quel giovane coraggioso e carismatico diventi generale (*strategòs*), comandante, Signore della Sicilia (*archòn Sikelìas*).

La sua vita fu complessa e per certi versi indecifrabile, travolta nella memoria dei posteri da una storia leggendaria che sembra dissimularne il senso e il segno, più che svelarlo. Di certo, l'ascesa di Dionisio incontrò molti ostacoli, anche nella stessa Siracusa. Come quando la sua prima moglie, figlia di Ermocrate lo stratego, fu percossa a morte dall'avversa fazione aristocratica mentre egli era impegnato sul fronte di Gela e Camarina contro i Cartaginesi (405 a.C.). Altrettanto atroce fu poi la sua vendetta contro quegli uomini, trucidati uno a uno, colti mentre già incautamente festeggiavano.

Dionisio fu il signore di Siracusa e in essa si specchiò dandole un nuovo volto: la sua Ortigia divenne fortezza e quartier generale, disgiunta dal resto della città, cinta da torri possenti; l'accesso all'isola fu strettamente riservato agli amici, ai parenti, ai soldati e ai mercenari che ne formavano le truppe mentre ai suoi abitanti non restò che andare via, nelle nuove case elargite dal tiranno.

Ma se Ortigia è l'epicentro del suo dominio, l'ombra di Dionisio si allunga sull'intera pentapoli[2], ne ridisegna i confini, la fa più grande, più solida, più potente.

---

[2] Così chiamata per via dei suoi cinque quartieri: Neapoli, Epipoli, Acradina, Tiche, Ortigia.

Percorriamo in macchina la strada che, attraverso Via Epipoli, conduce da Siracusa fino a Belvedere. Ci allontaniamo dal mare salendo sulla balza rocciosa che a tratti ne preserva la vista, attraversiamo nuovi quartieri e poi ancora terre incolte, semiabbandonate, e sparuti insediamenti di villette, senza che nulla di straordinario sembri accadere. D'un tratto, come improvvisi squarci nel tempo, ecco tracce, segni intermittenti che appaiono e scompaiono, baluardi fatti di pietre squadrate che sembrano modellate da mani gigantesche: sono i pezzi dell'imponente muro che ventiquattro secoli fa cingeva la più potente delle città greche d'Occidente. Stanno lì, silenziosi, senza che nulla ne segnali la presenza, confusi nel paesaggio e in un anonimato che potrebbe ingannare uno sguardo distratto.

Sul versante opposto della città, lungo il litorale nord, ne scorgiamo altri, tra i nuovi quartieri-dormitorio e il mare; visti uno a uno sembrano illeggibili, frammenti incomprensibili su uno sfondo di palazzi smisurati e senza colore: bisogna osservarli dall'alto, come in volo, su dall'Epipoli, per "vederli" chiudere la città in un abbraccio invincibile, proprio in prossimità di quella che un tempo era la via d'accesso, la porta della Siracusa antica, il punto fragile da proteggere e difendere.

Il muro di Dionisio è ancora qui, testimone del tempo, e la sua presenza mantiene qualcosa di sorprendente, così come prodigiosa sembrò allora la sua costruzione.

È il 401 a.C. quando Dionisio dà inizio a questa opera di ingegneria senza precedenti. Il tiranno raduna manovali, divide il terreno di cui affida ogni porzione a un ingegnere-direttore aiutato da mastri e operai, crea "squadre" diverse, rapide, quasi in gara l'una con l'altra: ogni persona doveva sentirsi responsabile e protagonista non solo di una fatica titanica ma anche di un'impresa leggendaria. Immaginiamo migliaia di braccia in movimento: alcuni cavano le pietre, altri le squadrano; sessantamila uomini lavorano giorno e notte, mentre più di seimila buoi trasportano i materiali. Doveva essere uno spettacolo vedere l'immensa moltitudine incitata da Dionisio, sempre presente ad ammonire e incoraggiare, promettere premi e ricompense, lodare gli sforzi, gridare l'urgenza di salvare la città.

Cinque chilometri di mura erette in appena venti giorni. Questo non fu che l'inizio di un'opera di fortificazione lunga più di ventisette chilometri, una cinta muraria che avrebbe chiuso interamente la città imprimendo nell'animo dei suoi abitanti un senso di sicurezza frammisto all'orgoglio per la conquistata grandezza di Siracusa e del suo tiranno.

Da lì a poco il suo dominio crebbe in una clamorosa ascesa, estendendosi prima fino a Messina, poi in Calabria; qui Locri divenne la seconda città eletta da Dionisio, quasi l'*alter ego* di Siracusa, al punto da indurlo a suggellare l'ampiezza della sua visione con una bigamia tanto politica quanto nuziale: nello stesso giorno sposò due donne, Doride di Locri e Aristomache di Siracusa. Due le mogli come due sono le facce del potere che ora fa appello a tutti i Greci di Occidente. Eppure vi fu chi, anche tra loro, ebbe un trattamento diverso, come Reggio, punita per lo scherno d'aver offerto al tiranno, in segno di disprezzo e di rifiuto, la mano della figlia del boia.

Non ha mai fine la guerra tra Dionisio e Cartagine, che continuano a combattere, instancabilmente, come pedine opposte su una grande scacchiera: Mozia, Palermo, Messina, Catania, Lipari (397-396 a.C.). Lo scontro è concitato nelle sue fasi alterne, che toccano momenti rischiosi per Siracusa, giunta quasi sull'orlo del precipizio quando l'esercito di Imilcone arriva alle sue porte. Tutto sarebbe andato perduto se non fossero giunti in soccorso gli alleati del Peloponneso e se una pestilenza, serpeggiando tra i soldati punici stanziati presso il Tempio di Zeus Olimpio, non avesse decimato le truppe avversarie. Forse proprio quelle paludi Lisimelie, a sud della città, più del coraggio e degli eserciti, più di alleanze e strategie, hanno saputo difendere Siracusa nei suoi momenti cruciali. Fu come se un dio, una forza luminosa o oscura avesse deciso di proteggere Dionisio perché creasse uno stato territoriale senza pari per i Greci del tempo: il tiranno siracusano anticipa il grande Alessandro, ma

*L'Orecchio di Dionisio*.
Foto di Daniele Aliffi

come lui crea un gigante dai piedi d'argilla destinato a una vita effimera.

Vi è un luogo, a Siracusa, che più di ogni altro racconta questa straordinaria storia politica e militare, un sito magico e paradossalmente ignorato da molti. Bisogna decidere di andarci, al *Castello Eurialo*, non è un'esperienza che accade per caso, e salire sull'Epipoli addentrandosi appena prima di Belvedere in un viottolo che conduce al bastione. Tutto appare chiaro da questo nido d'aquila che ci regala la "sua" visione della città.

Eurialo, l'inespugnabile, l'irraggiungibile.

Cerchiamo il punto più alto, arrampicandoci sulle rovine, laddove il castello finisce e sconfina nelle mura meridionali di Siracusa, che erano collegate alla fortificazione attraverso una grande torre. Sul versante opposto, verso nord, massicci blocchi squadrati si immergono nel verde e nella luce di un promontorio ventoso. Sebbene solo una parte sia stata costruita da Dionisio[3], l'Eurialo in qualche modo ne racconta la visione grandiosa, congiunge la grande cinta di mura, ne è il perno, il punto focale. Oggi restano bianchi macigni, tracce di un reticolo di fossati, di muri, di torri.

È affascinante, quasi un'opera investigativa, scorgere il disegno di quella struttura che nel tempo si fece sempre più complessa, articolandosi in un mastio preceduto da cinque torri, un forte centrale rettangolare, un edificio trapezoidale che ospitava la caserma con gli alloggi per i soldati. Sono perfettamente visibili i tre fossati che precedono l'ingresso, come il muro e il terrapieno che sbarrano a nord il terzo di questi; ogni elemento, qui, è stato congegnato con attenzione per adempiere alla sua funzione difensiva, in ogni dettaglio, come la porta del mastio che, anziché essere alta e monumentale, è piccola e stretta per

[3] Sono varie le fasi costruttive posteriori al tiranno, soprattutto in età ieroniana.

*Veduta aerea del Castello Eurialo.*
Foto di Daniele Aliffi

bloccare l'accesso dei soldati nemici, possibile solo per singole unità, rese così deboli, isolate.

Ancora più fascinoso e inquietante è il reticolo di gallerie sotterranee che mettono in comunicazione fra loro tutte le parti della fortezza – i fossati, il mastio, le caserme – e poi l'intero castello con la città, dentro le mura, attraverso percorsi segreti che rendevano rischioso ogni passo a chi cercasse di accedere dall'esterno, facile bersaglio per la mano invisibile che colpiva da dentro.

Li attraversiamo, questi cunicoli, svelando a noi stessi gallerie e anfratti, ora a passo lento ora correndo come bambini, in discesa, per riemergere giù, ai piedi del castello, vicino alle tracce delle mura difensive. Qui era anche l'ingresso della città, la porta a tenaglia, situata in fondo a una rientranza di pianta trapezoidale, congegnata in modo da formare un corridoio circondato ai lati da fortificazioni, postazioni privilegiate di guardie e arcieri, vigili ad ogni ora del giorno e della notte.

Un sistema di sicurezza straordinario cingeva dunque Siracusa ma, poiché il nemico spesso viene dall'interno, nulla sembrò placare le ossessioni del tiranno, alleviarne la paura, mutare la direzione della spirale di violenza in cui era piombato. Così, almeno, si racconta.

Dionisio ebbe il destino di diventare una figura leggendaria, e questo suo essere protagonista di storie e aneddoti rende difficile, se non impossibile, segnare il limite tra realtà e finzione[4].

Sembra quasi che la passione che il tiranno aveva per la poesia, per il teatro tragico, gli fosse rimasta in qualche modo attaccata addosso, creando un personaggio letterario che travalica i suoi contorni storici. Lui, che avrebbe voluto essere celebrato come poeta e che amava Euripide al punto da acquistare, dopo la sua morte, le tavolette, lo stilo e la cetra con cui aveva composto i suoi drammi perché fossero riposti nel Tempio delle Muse, era divenuto a sua volta un personaggio tragico, vittima di un terrore che intrappolò la sua vita.

Si diceva che stesse chiuso nella rocca, munita di un ponte levatoio con cui controllava l'accesso persino nella sua stanza da letto, che facesse perquisire chiunque gli si avvicinasse, che avesse sguinzagliato una turba di delatori per la città per decifrare ogni sguardo, ogni parola sospetta. Le proscrizioni erano continue, piene le carceri. A un certo punto lo prese una paura tale da rifiutare persino il barbiere; furono allora le figlie a tagliargli i capelli ma poi, temendo anche loro, decise di eliminare il rasoio, preferendo alla lama – rischiosa persino in mani amiche – innocui gusci di ghianda e di noce rosolati al fuoco per bruciare i capelli.

Nonostante tutto, i potenti sono sempre ammirati e invidiati, visti come semidei. Così la pensava anche un certo Damo-

---

[4] A questo proposito si veda in generale Diodoro Siculo, *Biblioteca Storica*, libri XIII, XIV, XV; Plutarco, *Vite parallele*, *Dione*; Platone, *Lettera VII*; Serafino Privitera, *Storia di Siracusa*, 1986, vol. I, libro I, capp. IX-XI.

cle, che considerava Dionisio il più felice tra gli uomini. «Vuoi dunque, Damocle, assaporare tu stesso questa vita che tanto ti alletta e sperimentare la mia fortuna?» gli chiese un giorno il tiranno, invitandolo presso di sé. E il cortigiano accettò subito. Dionisio ordinò ai servi di disporre l'ospite su un letto d'oro coperto da un drappo prezioso, adorno di ricami, e fece apparecchiare tutto ciò che potesse rendere più fastoso e gradevole il banchetto. L'adulatore era abbagliato da tanta ricchezza, rapito dal luccichio del vasellame d'oro e d'argento, ebbro della varietà di vivande squisite e di liquori che servi di straordinaria bellezza continuavano a offrirgli, muovendosi ad ogni suo cenno.

Damocle si sentiva al colmo della felicità quando, di colpo, lo scenario cambiò: sollevò in alto lo sguardo e vide pendere sulla sua testa una spada luccicante, appesa al soffitto per una sottile criniera di cavallo. Il facondo, frivolo Damocle tacque terrorizzato: adesso non guardava più i servitori e l'argenteria, non stendeva più la sua mano insaziabile verso il cibo, voleva solo andare via, tornare alla sua vita semplice.

Fu Dionisio a parlare: «Impara, Damocle, a non giudicare dalle apparenze. Un ferro occulto minaccia di continuo la mia vita; e posso io chiamarmi felice?»[5].

A Siracusa i luoghi sono legati alle storie così intimamente da non rendere distinguibili i confini tra realtà e immaginazione. Forse furono proprio queste favole antiche a colpire Caravaggio, ad alimentare il mito di un sovrano carismatico e inquietante, forte nel suo potere e fragile nella mente, al punto da trasformare la sua vita, e quella di molti altri, nel peggiore degli incubi.

Siamo tornati al punto di partenza, ma ora, come risvegliandoci da un sogno, guardiamo l'*Orecchio di Dionisio* con altri occhi, in questo scenario paradisiaco. Non fu lui, il tiranno, a scavare questa grotta: per comprenderne il mistero bisogna pen-

[5] Cicerone, *Tusculanae disputationes*, V, 61-62.

sare all'acqua, perché qui, a Siracusa, le vie della pietra e le vie dell'acqua si incontrano sempre. Guardiamo l'Orecchio dall'esterno: in alto a destra vediamo un foro, un'apertura di forma trapezoidale facente parte di un precedente canale di scolo delle acque del teatro. Il percorso dell'acqua, la cui linea a forma di S è ben visibile all'interno della grotta, aveva reso la roccia più tenera in questa parte della cava, ragion per cui i Greci preferirono disattivare il canale e usare la pietra, scavandola lungo il piano di fondo dell'acquedotto serpeggiante e procedendo sempre più in profondità e in larghezza.

Quello che ci appare oggi è una grotta alta ventitré metri e profonda settanta, le cui pareti convergono in alto in un sesto acuto. La linea a forma di S è la traccia della persistenza idraulica; sui lati si vedono ancora i segni degli scalpelli, del duro lavoro.

Tutto sembra chiaro, adesso, persino rassicurante.

Eppure l'ombra di Dionisio si allunga ancora su di noi e sui nostri pensieri, quando la luce che fuori ci inondava svanisce nelle pareti più buie dell'antro: allora, nei suoni che rimbombano dentro, voci e passi di sconosciuti compagni di viaggio, sentiamo l'eco dei racconti del Mirabella e di Caravaggio, e di coloro che secoli prima li avevano preceduti, un dedalo di storie in cui è facile smarrirsi, travolti da questa immensa onda sonora di cui non sappiamo più fare a meno.

# E

## Estasi

> Parlammo dell'incanto di certe notti estive (...) quando le stelle si specchiano nel mare che dorme e lo spirito di chi è coricato riverso tra i lentischi si perde nel vortice del cielo mentre il corpo, teso e all'erta, teme l'avvicinarsi dei demoni.
>
> Giuseppe Tomasi di Lampedusa, *La sirena*

In un pomeriggio d'autunno del 1938, in un caffè di Torino, si incontrano le vite di due personaggi particolari: il giovane edonista Paolo Corbera e il vecchio altezzoso Rosario La Ciura. Sembrano da subito agli antipodi, i due, sebbene siano entrambi siciliani, di Palermo l'uno, di Catania[1] l'altro. Scambiano poche parole nella fumosa saletta della pasticceria; il tono di La Ciura è caustico, ma non scoraggia Corbera ad approfondirne la conoscenza.

Anzi, incuriosito, il giovane, che di professione fa il giornalista, cerca informazioni e scopre che dietro l'apparenza di un uomo scostante e trasandato si nascondono l'anima e l'immensa conoscenza del più grande ellenista vivente. A Paolo sembra impossibile che l'insigne umanista trascorra i suoi pomeriggi in un caffè a leggere il giornale e a riempire una sputacchiera che gli hanno messo accanto; apprenderà poi come La Ciura non sia affetto da tosse o bronchite ma da un disgusto del mondo che lo porta a sputare alla lettura di ogni notizia, come segno, al dire di lui, «non di malattia, ma di salute mentale».

---

[1] Più precisamente, di Aci Castello.

D'improvviso, però, i toni del dialogo cominciano a cambiare, e l'intolleranza della vita e del mondo sembra trasformarsi, illuminarsi persino, dinanzi al ricordo della Sicilia, di alcune sue atmosfere, di quel luogo in cui gli dèi hanno soggiornato, in cui forse «negli Agosti inesauribili soggiornano ancora».

Continua la conversazione tra questi personaggi che non vissero in carne e ossa ma nelle pagine di un racconto immaginifico di Tomasi di Lampedusa, *La sirena*[2]: letterari, certo, ma a tratti più veri di ciò che ci circonda. Le loro parole disegnano una Sicilia eterna, con tutta la sua sensualità; il profumo di rosmarino sui Nebrodi, il gusto del miele a Melilli, l'ondeggiare delle messi in una giornata ventosa di maggio a Enna, le solitudini intorno a Siracusa, «le raffiche di profumo riversate, si dice, su Palermo dagli agrumeti durante certi tramonti di giugno». La Sicilia diviene ora l'isola dei sensi, di un piacere fisico e spirituale insieme, di una saggezza costruita e vissuta anche attraverso gli aspetti più carnali dell'esistenza.

Per questo il patto di amicizia tra Corbera e La Ciura non poteva che essere siglato dinanzi a un piatto di ricci spaccati a metà: i *rizzi* spinosi, che al vecchio grecista appaiono come «cartilagini sanguigne, simulacri di organi femminili, profumati di sale e di alghe».

Il professore svela a Corbera, e a noi che leggiamo, un mondo diverso, trascinandoci in una Grecia – e in una Sicilia – non astratta e idealizzata, ma straordinariamente viva; ci insegna qualcosa che non dimenticheremo più. E lo fa raccontando il suo amore per una sirena, una passione misteriosa e potente consumata nel mare color pavone della costa siracusana[3]. Ecco-

---

[2] Il racconto è noto ed è stato pubblicato sia con il titolo *Lighea*, datogli dalla vedova dello scrittore, sia come *La sirena*, titolo adoperato dall'autore. Cfr. a questo proposito la premessa ai racconti scritta da Gioacchino Lanza Tomasi, in Giuseppe Tomasi di Lampedusa, *Opere*, 1995, pp. 324-327.

[3] Quella costa augustana preindustriale dove Tomasi di Lampedusa prestò per qualche mese il servizio militare, nel 1916.

la, descritta in ogni suo particolare, questa creatura dai dentini aguzzi e bianchi come quelli dei cani, con un sorriso di potente semplicità, non quello imbastardito dalle espressioni accessorie e opache che siamo abituati a vedere nel mondo civilizzato, ma acceso da una «bestiale gioia di esistere», di una divina, infantile purezza.

Lighea, dal suo corpo di pesce, emana un profumo di mare, una voluttà che è anche sortilegio. La sua voce, «gutturale, velata e risuonante di armonici innumerevoli», è fatta di suoni che raccontano «le risacche impigrite dei mari estivi e il passaggio dei venti sulle onde lunari».

Forse è la stessa malìa che sentiamo tutte le volte che ascoltiamo il mare, e lasciamo che entri nella nostra mente, liberi da ogni inibizione del pensiero, o dalla fretta di fuggire via per riempire il silenzio di inutili suoni…

Anche Siracusa ha avuto il suo Rosario La Ciura. Il suo nome era Ettore Romagnoli e fu chiamato qui nel 1913, su consiglio di Paolo Orsi, dal conte Gargallo, per far rivivere nel *Teatro Greco* (vedi voce *Teatro*) gli stessi spettacoli che gli Ateniesi 2400 anni prima avevano messo in scena al teatro di Dioniso, ai piedi dell'Acropoli.

Di questa avventura Romagnoli divenne l'ispiratore e l'artefice: grecista raffinatissimo, traduttore, poeta, professore universitario, riuscì a imprimere a questa esperienza, che allora parve a molti visionaria, quella sensualità che promana da un rapporto straordinariamente vitale con l'Antico. Lui, che aveva tradotto e studiato i grandi poeti classici, aveva adesso l'occasione di metterli in scena nel loro "luogo originario"; finalmente era giunto, a Siracusa, quel momento atteso e preparato per anni, quando nel divino gioco del teatro aveva coinvolto i suoi studenti di Padova, o quando si era battuto contro i pregiudizi del mondo accademico che aveva intrappolato nei libri testi nati per avere corpo e volto, gesto e voce, ed essere condivisi in un unico, immenso rito collettivo.

*Teatro Greco di Siracusa, la "Porta dei Leoni" e le mura ciclopiche, scenografia per l'*Agamennone *rappresentato nel 1914.*
Foto di Angelo Maltese, Archivio Fondazione INDA

Come La Ciura, Romagnoli era nutrito da un tagliente spirito polemico costantemente adoperato per smascherare le letture faziose, le interpretazioni sbrigative, la mediocrità delle mode letterarie che troppo spesso escludevano i grandi poeti a vantaggio di piccoli egocentrismi.

Le foto d'epoca lo ritraggono nel suo elegante completo scuro, con l'immancabile cravatta e un cappello a falda larga, mentre assiste alle prove degli spettacoli o passeggia nelle latomie: non c'è segno di malinconia accademica in lui, ma di quella concentrazione che precede la contemplazione estatica dell'opera compiuta. Questa dovette provarla, Romagnoli, quando il 16 aprile 1914 realizzò il suo grande sogno e il Teatro Greco di Siracusa risuonò ancora, dopo venticinque secoli, delle parole di Eschilo: la scena divenne un'immensa piazza cinta da mura ciclopiche aperte su quella *Porta dei Leoni* di Micene che, con le avventurose scoperte di Schliemann, aveva fatto sognare l'Europa.

Migliaia di persone si erano precipitate per vedere l'Araldo annunciare la fine della guerra di Troia avvistando da lontano messaggi di fuoco con occhi increduli, e Agamennone tornare in patria su un carro e incedere sui tappeti purpurei fino alla reggia, preludio simbolico della morte che vi avrebbe trovato per mano della sanguinaria sposa Clitennestra. Famiglie intere, esponenti della borghesia, contadini, riempivano con il corpo la cavea e con gli occhi la scena, totalmente rapiti; quelle storie antiche suscitarono nel popolo una passione tale da sostituire le immagini di Orlando e della bella Angelica dipinte sui carretti siciliani.

Fu una grande festa.

Quel giorno i fregi e le decorazioni vascolari non furono più immobili, splendidi disegni da ammirare dentro una teca, ma ripresero a vivere: divennero fanciulle vestite di pepli sulla scena del teatro, ritmo e passi di danza, cori tragici variopinti di colori – il rosso, l'oro alternato al nero, decorazioni fatte di sfingi e fiori di loto dense di suggestioni micenee e orientali.

La stessa magia vive intatta anche oggi, quando nei pomeriggi di maggio ci ritroviamo, nello stesso teatro, ad ascoltare ancora le parole della tragedia che si chiude insieme agli ultimi bagliori del giorno, in un odore intenso di erba e di fiori; oppure seduti sulla pietra ancora scabra da impalcature e tribune, durante le prove serali degli spettacoli, sotto una luna immensa appena velata dagli umori di un liquido aprile. Ogni parola si libra nel buio in queste notti siracusane di attesa e fatica, che richiamano i grandi personaggi del mito, risvegliandoli da un mondo lontano, mentre prendono forma scenografie imponenti e fragili, come giganti di carta.

L'arte fu conoscenza e piacere, studio e passione nella Siracusa del primo Novecento, che sembrò voler eludere gli abissi di guerra in cui stava sprofondando l'Europa.

«Penso sempre a uno che giudichi inutile il pulviscolo versicolore delle ali di una farfalla e la raschi via, per la buona ragione che la farfalla può volare lo stesso, ma quel miraggio è la ragion d'essere dell'arte»[4]: queste parole care a Romagnoli,

4 Parole scritte in calce al testo di Ettore Romagnoli "La diffusione della cultura classica", in *Lo Scimmione in Italia*, 1919, pp. 188-245.

un invito a curare anche i dettagli più sottili, ci accompagnano mentre entriamo al *Museo Archeologico Regionale Paolo Orsi*. In spirito, lo seguiamo come facevano i giovani un secolo fa, su *Viale Paradiso*, appena fuori dal teatro, per conversare con lui dopo le prove, sebbene non riuscissero ad assimilare del tutto i grandi poeti e ne restassero inebriati, come di una droga troppo forte.

Siamo dentro una Bellezza insostenibile. Ci fermiamo dinanzi a un *kouros* del V secolo a.C.: nella torsione che mostra tutta la tensione del ventre perfetto sembra muoversi, malgrado sia privo di testa e si arrivi appena a intravedere la peluria del pube. Pochi metri più avanti il busto fittile di donna (IV sec. a.C.), trovato nella zona sacra di *Piazza della Vittoria*, lascia intuire un uso del colore che abbiamo ignorato per secoli, persi dentro un'astratta idea di purezza sconosciuta ai Greci: quelle labbra rosse stupiscono, come i boccoli biondi della donna ritratta.

Vi è, tutto intorno, una bellezza che non è immune da vanità, da una cura quasi esasperata del corpo e dei suoi piaceri; la raccontano centinaia di *alabastroi*, vasetti porta-unguenti in stile corinzio dalle forme più estrose e variegate – arieti, capre, animali di ogni tipo –, o le anfore in miniatura decorate con abilità virtuosistica e piene di creature fantastiche, fiori e piante stilizzate.

Attraverso i corredi tombali rinvenuti nelle necropoli (Fusco e Giardino Spagna, a Siracusa, ma anche provenienti da Gela) abbiamo accesso al mondo del simposio, con le sue atmosfere, i suoi oggetti. Le *kylikes*[5] decorate ci offrono scene e immagini indimenticabili: satiri danzanti fra i tralci e menadi sinuose, Dioniso tra le viti, ieratico con la sua lunga barba scura. Bisogna porsi dinanzi alla coppa, come a berne il contenuto, per osservare i due enormi occhi disegnati sulla superficie: sgranati,

[5] Coppe a due anse, con alto stelo, corpo espanso e bocca larga utilizzate principalmente per bere il vino durante il simposio.

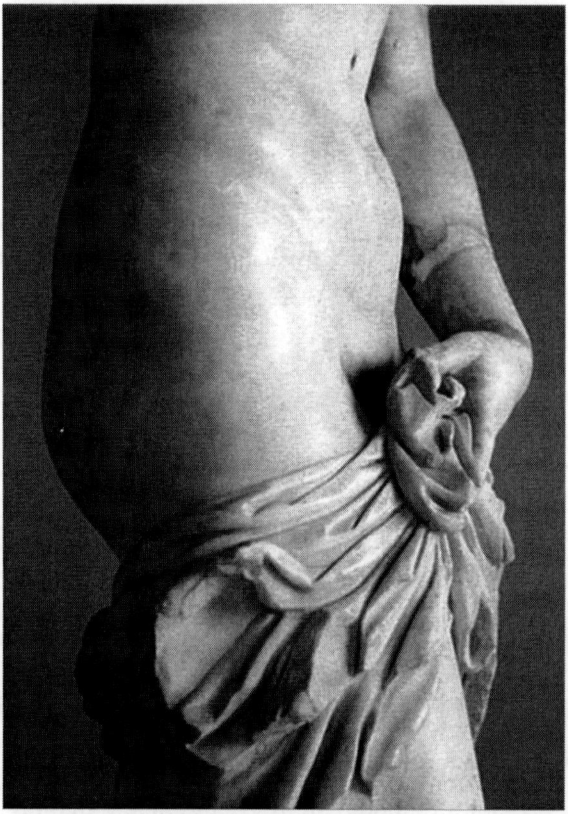

*Venere Landolina* (*particolare*).
Foto di Aldo Palazzolo

ipnotici, ci trascinano anche da sobri nel mondo del vino e della divina ebbrezza.

Troviamo scene simili sui crateri, ma mutano le dimensioni, adattandosi alla funzione di questi recipienti in cui il vino veniva mescolato con l'acqua, come era uso tra i Greci.

Ci muoviamo tra donne danzanti e flautiste, scene di vita quotidiana e imprese eroiche, immagini di gineceo o combattimenti fra tritoni squamosi e atleti-guerrieri. Ed è come se questo mondo straordinario riemerso dal sottosuolo, questa sintesi della loro vita oggi consegnata nelle nostre mani, potesse toccare le corde più profonde dell'essere, richiamarci alla nostra natura, una gioia, un piacere che trae origine solo da se stesso. Non più spettatori, entriamo a far parte di questo mondo, guidati da una forza sconosciuta verso un modo diverso di sentire e di vivere, di curare il corpo come si fa con lo spirito, bere insieme per dar voce al pensiero, amare la poesia come un bene condiviso, guardare alla natura come a un mistero insondabile e popolato di dèi, non come una forza da misurare e addomesticare.

Camminiamo fino a giungere dinanzi a una straordinaria visione.

Guy de Maupassant l'aveva ammirata in una immagine, e per vederla aveva deciso di venire a Siracusa, di persona, come se si trattasse di incontrare una donna vera, da amare. Era il 1885, lo scrittore aveva trentacinque anni mentre lei, la *Venere Landolina*, era riemersa, dopo un silenzio di secoli, ottant'anni prima, in un inverno di primo Ottocento da una zona allora periferica della città. L'archeologo Saverio Landolina l'aveva trovata in frammenti, tra avanzi di colonne, basi e capitelli, priva della testa e dell'avambraccio destro.

È proprio lei, Venere, la dea dell'amore, l'Afrodite che i Greci avevano sempre rappresentato vestita, fino a quando, nel IV secolo a.C., Prassitele non le aveva restituito la sua naturale nudità, sebbene idealizzata dentro un'armonia perfetta. A essa si ispira questa creatura siracusana (probabilmente del II sec. d.C.) in cui però, a differenza del modello, si esprime una più profonda carnalità. Il panneggio in movimento forma una conchiglia da cui emerge lei, come un frutto carnoso del mare: non siamo forse così lontani dalla sirena di Rosario La Ciura.

Maupassant arriva qui come ultima tappa di un viaggio in Sicilia: ignora quasi la città, cerca solo questa Venere, come se di Siracusa potesse essere in qualche modo il simbolo e la sintesi. La contempla da ogni lato, la descrive minuziosamente, trova in questo piacere immenso la ragione dell'intero suo viaggio, poiché in fondo non aveva cercato che lei: una femmina di marmo, non la donna cantata dai poeti «ma la donna così come è, come la si ama, come la si desidera e si vuole stringere». Piena, dall'anca possente e la gamba un po' pesante, «la si immagina sdraiata pur vedendola in piedi».

Il braccio mancante nascondeva i seni, mentre con la mano sinistra solleva il drappo per coprirsi, con un gesto di pudore, una reticenza che rende ancora più intensa la sua sensualità. Il busto è leggermente inclinato, le ginocchia morbide; ma i lombi sono inspiegabilmente animati, vibrante la superficie del corpo, quasi fosse fatta di carne e di sangue.

Prima di andare via Maupassant posò su di lei ancora uno sguardo, come l'amante sulla porta guarda ancora l'amata, in un'ultima visione che la imprimesse per sempre nella memoria, dai talloni alla nuca, seguendo il contorno delle spalle, la rotondità della schiena, la linea decrescente delle cosce. Lo scrittore la guardò e vide in lei l'inquietante mistero della vita: bellezza ed estasi, simbolo della carne e opera dello spirito, donna e opera d'arte.

Rimaniamo ancora qui, dinanzi alla Venere, le giriamo intorno più volte cercandone il segreto, ed è come se solo adesso ci svelasse il suo mistero che non può essere colto limitandosi a una visione frontale, dal di fuori.

Non appena con i nostri passi chiudiamo il cerchio, la vediamo ancora diversa, sensuale e al contempo di una bellezza mistica, ultraterrena, la donna dentro l'infinito che ne disegna i contorni con la sua linea curva e ininterrotta, ove tutto si ricongiunge sulla mano che regge la veste dinanzi al pube, in un movimento senza fine.

Ecco l'eterno femminino, forza solare e interiorità lunare, vita che genera e ritorna a se stessa: la sua visione ci trasmette quasi un senso di spregiudicata potenza.

Così, anche fuori dal museo, di nuovo immersi tra i suoni e i volti dell'oggi, proviamo uno stupore che non ci abbandona, che ci guida verso uno dei più bei tramonti di Siracusa, su, dalla balza di Acradina, sulle cave che si tingono di rosa e più in là, fino al mare, sotto un cielo immenso, tra ventate odorose di agrumi.

Bisogna che siano saggi gli abitanti di questo luogo, per non diventare, sotto il peso di una bellezza così straordinaria da sembrare irripetibile, come i Siciliani descritti dal principe Fabrizio nel *Gattopardo*, quelli che non vogliono mai migliorare perché credono di essere perfetti, la cui vanità è più forte della miseria, che non amano l'intromissione di estranei quando rischia di turbare la loro «compiaciuta attesa del nulla», il loro desiderio di oblio.

Sarebbe un peccato rimanere immobili ad aspettare la fine di ogni cosa, come chi abbia già visto tutto.

C'è, ancora, una vita da vivere.

# F

## Ferite

È per il dolore del mondo offeso che soffre.
Non per se stesso.

Elio Vittorini, *Conversazione in Sicilia*

Gabbiani volteggiavano nell'aria in cerca di cibo dopo il temporale del giorno avanti e il loro grido selvaggio era ai suoi orecchi quello stesso di Ortigia.

Laura Di Falco, *L'inferriata*

«Avete sentito dire spesso che Siracusa è la più grande e la più bella delle città greche. Questa affermazione, o giudici, corrisponde a verità»[1]. Queste parole di lode a Siracusa si levarono dinanzi ai magistrati riuniti a giudicare i misfatti di Verre, il senatore romano che, divenuto governatore della Sicilia nel 73 a.C., ne depredò ricchezza e bellezza, sottoponendo i suoi abitanti a violenze e abusi di ogni genere.

A parlare era stato l'insigne accusatore del governatore, un avvocato d'eccezione, Marco Tullio Cicerone. Alcuni stralci dell'arringa che decretò la condanna di Verre e la vittoria della verità contengono una descrizione straordinariamente dettagliata di ciò che Siracusa doveva essere a quel tempo, un ritratto paradossale perché *e contrario*, attraverso ciò che le era stato tolto, violentemente strappato, come se la bellezza potesse essere raccontata attraverso una ferita.

---

[1] Cicerone, *Il processo di Verre*, IV, 117. In generale il IV libro dell'opera dedica uno spazio consistente a Siracusa.

Cicerone sottolinea la vastità della metropoli ellenistica (ciò che la città era stata appena due secoli prima), ne descrive i monumenti, l'armonia delle coste, i cinque quartieri: Ortigia, Neapoli, Epipoli, Acradina, Tiche. Attraverso lo sguardo dell'avvocato-narratore, Siracusa ci appare in una grandiosa visione di insieme, come se potessimo contemplarla dall'alto: i due porti che si insinuano profondamente nell'abitato ricongiungendosi all'imbocco di Ortigia; il palazzo che era appartenuto a re Gerone, sul lungomare; i templi di Diana e di Minerva[2]; la Fonte Aretusa, vasta e ricca di pesci, separata dal mare solo da un molo di pietra. Subito dopo, sul costone roccioso che si arrampica a nord, *Acradina*, con la sua piazza centrale, i porticati, il pritaneo e il sontuoso tempio dedicato a Giove; e ancora, confinante con essa, *Tiche*, cui diede il nome il grande santuario dedicato alla dea Fortuna (in greco *tyche*), quartiere popoloso che ospitava un ginnasio e alcuni edifici sacri.

Se *Epipoli* costituiva la punta estrema, il baluardo fortificato, *Neapoli* era il cuore della città greca, con lo splendido teatro scavato sul colle Temenite, luogo di spettacoli, assemblee, intrattenimento, ma prima ancora spazio sacro in cui ergere altari e templi, come quelli delle dee greche che Cicerone chiama con nomi romani, Cerere e Libera. Doveva esservi, bellissima e gigantesca, anche una statua raffigurante Apollo Temenite.

A questo punto l'arringa indugia sui dettagli, e lo fa dolorosamente, attraverso la descrizione particolareggiata delle spoliazioni commesse da Verre: i quadri raffiguranti le battaglie equestri di re Agatocle che rivestivano le pareti del Tempio di Minerva prima di essere portate via, gli ornamenti della dea vergine che furono "trasferiti" a casa di una prostituta, la galleria di ritratti dei re e dei tiranni della Sicilia depredati insieme alla memoria dei tempi trascorsi. E, ancora, i battenti del tempio ce-

---

[2] Cicerone "traduce" i nomi delle divinità greche nei corrispettivi romani: Atena diviene Minerva, Artemide è Diana, Zeus Giove, Demetra Cerere.

sellati in oro e avorio letteralmente denudati, come il piedistallo della statua di Saffo – ormai spoglio della scultura della grande poetessa di Lesbo – che un tempo campeggiava nel pritaneo. Le statue di Pan, Aristeo, Bacco, portate via dai templi, divenute monumenti alla sfrontatezza dei furti perpetrati sotto gli occhi di tutti. Persino i mistagoghi, le "guide turistiche" del tempo, avevano invertito il procedimento dell'esposizione e spiegavano i luoghi attraverso la descrizione delle spoliazioni non potendo più, in molti casi, mostrarne gli oggetti d'arte.

Questa offesa, insieme al senso di impotenza nutrito dai Siracusani, colpì molto Cicerone, che riuscì a trasformare la sua indignazione in passione per la giustizia e in un procedimento penale rigoroso e impeccabile culminato con la condanna del governatore.

La città di oggi appare molto diversa dal grande affresco tramandato dalle orazioni contro Verre. I quartieri sono gli stessi di quelli dell'antica pentapoli ma, in molte zone, strade dai nomi greci si snodano ora ai piedi di giganteschi edifici in cemento.

È questo uno dei volti possibili di Siracusa, il più recente di certo, forse il meno duraturo.

A partire dagli anni Cinquanta e nel ventennio successivo, prendono il sopravvento istanze di ammodernamento troppo spesso sostenute da spinte personalistiche e da interessi privati; forse, anche, da miope acquiescenza. E quel malinteso senso di modernità sorto in parte come reazione, come volontà di riscatto dai dolorosi anni della guerra, sembrò vincere la sua battaglia sulla visione illuminata dell'archeologo Luigi Bernabò Brea, allora soprintendente ai Beni Culturali. Questi aveva immaginato, nel 1947, la *Neapolis* come un sistema ininterrotto di parchi, quasi un museo archeologico-naturalistico che dal Teatro Greco e dalle Latomie del Paradiso si estendesse a quelle dei Cappuccini, lungo una distesa verdeggiante ricca di necropoli, aree monumentali, musei.

Eppure non tutto fu perduto, e la commistione perfetta, quasi visionaria, di natura e archeologia, che a molti contestatori era

*Quartiere Epipoli, "frammenti" delle Mura dionigiane sul ciglio della strada.* Foto di Luana Iudica

parsa utopistica (o economicamente poco conveniente), prese corpo in quel miracolo che è il *Parco Archeologico della Neapolis*, strappato dalla determinazione e dalla dedizione di Bernabò all'avanzata dei palazzi. Un angolo di paradiso salvato dall'amore per Siracusa di un uomo che siracusano non era se non per scelta, per quella affinità elettiva che può crearsi anche tra persone e luoghi. A lui e a chi seppe sostenerlo dedichiamo un pensiero colmo di gratitudine ogni volta che, come attraversando una porta magica, percorriamo *Viale Paradiso*, tra cascate di oleandri e bagliori di luce che inondano ulivi e alberi di limoni abbarbicati in mezzo alle cave di pietra, o sul costone roccioso in cui è scavato uno dei teatri più belli del mondo. Interrompendo ciò che è disarmonico e superfluo, questo luogo sa svelare la città a se stessa, mostrandole la sua essenza, la sua anima dimenticata.

Si alternano, come in una strenua battaglia d'ombra e di luci, gli episodi della sua recente, complessa storia, forse troppo vicina per essere compresa profondamente.

Negli anni Cinquanta interi quartieri della città iniziano a sprofondare all'ombra dei palazzi che progressivamente sostituiscono le numerose villette a due piani, vere delizie architettoniche sorte tra la fine dell'Ottocento e i primi del Novecento. Ne è un esempio *Via Montedoro*, che oggi mostra una natura ibrida, quasi doppia, tra case-alveare e delicate dimore che raccontano altre storie, altri ritmi di vita, lasciando intuire la facilità con cui era possibile vedere "intero" il cielo e avvistare il mare da ogni parte della città.

Talvolta questa zona – detta "umbertina", dai nomi del ponte e della via che segnano il passaggio da Ortigia alla terraferma – ci serba qualche sorpresa, come la palazzina che oggi ospita l'*Istituto musicale Privitera*, sede negli anni Trenta dell'Associazione Mutilati e Invalidi, in Viale Regina Margherita. Entrate e dirigetevi verso la sala auditorium al pian terreno: rimarrete rapiti dal vetrata policroma realizzata da Duilio Cambellotti, artista versatile e geniale che a Siracusa realizzò per più di un trentennio manifesti, scene, costumi per le Rappresentazioni Classiche, dando corpo e forma agli eroi giganteschi e fragili della tragedia greca.

Qui risalta tutto il dolore della guerra, nelle fattezze di un uomo-albero dalle radici recise: ha ancora il cinturone e il moschetto, eppure è senza volto, come a esprimere il dolore universale del mondo offeso. Le braccia-rami si levano in alto, nel gesto estremo di un corpo mutilato che appare quasi imprigionato tra i vetri, in un urlo muto. Sembra impossibile che a dipingerlo sia stata la stessa mano che ha disegnato il logo di *Rapiditas*, la storica rivista della Targa Florio, con due braccia stilizzate strette attorno al volante, come in un vento di velocità.

Forse anche in questo traluce la contraddizione di un'epoca costantemente in bilico fra il narcisismo e la caduta, l'illusorio benessere e l'imminente catastrofe.

E alla violenza della guerra e dei bombardamenti segue quella della ricostruzione quando, tra i "magici" anni Sessanta e i "ribelli" anni Settanta, una cortina di palazzi inizia ad accerchiare la città; le terrazze sul mare d'improvviso si accecano, la città-nave perde del tutto la vista sull'acqua che la cinge, sulle sue cave che al tramonto si tingono di fuoco. Siracusa cambia volto così rapidamente da diventare quasi irriconoscibile; lo testimonia il confronto con le foto scattate quarant'anni prima, o con le descrizioni della città che era stata meta di viaggiatori e scrittori, come, nel 1906, Edmondo De Amicis.

Per la verità questi aveva visitato con un certo distacco Ortigia, da lui definita la «Siracusa viva», di cui non apprezzò le strade strette fiancheggiate da case «modeste» in cui le carrozze non potevano passare; né aveva ritrovato le suggestioni del mito nella fontana Aretusa, da quando la "cattura" in un invaso ottocentesco aveva privato la ninfa greca della sua magia. È *l'altra* Siracusa ad ammaliarlo, con le sue rovine, quelle tracce della grecità che ai primi del Novecento dovevano apparire una miracolosa epifania.

Con gli occhi di De Amicis ne ripercorriamo strade e luoghi, vedendole così come dovevano mostrarsi allora: un'unica, straordinaria terrazza panoramica sulla Siracusa greca. Si sgretolano all'improvviso i palazzi che in questi anni l'hanno snaturata, riappare il *genius loci* in una magnifica visione, con le stesse aperture degli occhi e del cuore che oggi ci procurano il Parco della Neapolis, il teatro, le latomie… Ma questa volta senza riserve, cancelli, limiti. A perdita d'occhio.

> Dovunque volgiate il passo, anche per i piani erbosi e tra i vigneti, dove le rovine non sono visibili, voi le vedete ancora. Vedete le gradinate grandiose del teatro greco e dell'anfiteatro romano, scavate nella roccia, in gran parte ancora intatte, immagine di un lavoro quasi sovrumano, che vi sgomenta, e le pareti scoscese delle latomie profonde, e le vaste gallerie delle necropoli, e gli acquedotti enormi, e gli avanzi delle antiche mura dell'Acradina; e da tutti questi frammenti della sua ossatura gigantesca la visione della società intera vi sorge dinanzi…[3].

[3] Edmondo De Amicis, *Ricordi d'un viaggio in Sicilia*, 2005, p. 64.

Siracusa appare come un gigante addormentato che solo il potere delle emozioni e dell'immaginazione sa risvegliare; allora vediamo finalmente i templi, i ginnasi, l'agorà, il Castello Eurialo, quella fortezza posta al punto di congiuntura delle mura che cingevano la metropoli di Dionisio il Grande:

> Dovrebbero risuonare e scintillare le parole come colpi di scalpello nella pietra per descrivere l'aspetto di quelle quattro torri poderose, di quei fossati profondi scavati nel macigno, di quel cortile interiore dove si riconoscono ancora i ricetti dei cavalli e delle macchine, di quella rete di passaggi sotterranei, dove s'ammassava la cavalleria per le sortite improvvise[4].

È questo il brivido che si prova quando la vista intellettuale riesce a penetrare attraverso i secoli trascorsi. La storia che palpita di vita vera.

È rimasto poco oggi del belvedere dell'Epipoli che racconta De Amicis; siamo ormai abituati allo sguardo interrotto, tra palazzi e antenne sempre più alte, che fanno a pezzi il cielo; ma sebbene sia difficile, forse impossibile, trovare oggi lo stesso silenzio di allora, esistono ancora alcuni luoghi magici che serbano intatta la loro anima.

*Villa Reimann* è uno di questi.

Nel cuore della città "nuova", su una strada popolata solo da automobili e motori in corsa, al n. 14 di *Viale Necropoli Grotticelle*, un cancello si schiude su un altro mondo, dove un vialetto che attraversa un agrumeto fitto di alberi porta a una villa di costruzione ottocentesca e ampliata intorno agli anni Trenta del secolo scorso. Al suo interno, tra le stanze luminose e ben arredate, si sente ancora la presenza della padrona di casa, di cui ci accoglie un busto bronzeo all'ingresso: è la signora Christiane Reimann, danese d'origine, siracusana per scelta.

---

4 *Ibidem*, p. 65.

Christiane Reimann nasce a Copenaghen nel 1888. Giovanissima, studia a New York affascinata, come molte sue coetanee, dal mito di Florence Nightingale; successivamente si trasferisce a Ginevra dove inizia a lavorare come segretaria di una organizzazione internazionale ospedaliera. È una donna capace, una valente oratrice, con una sensibilità particolare alla formazione di professioniste valide nel settore medico-sanitario. Una donna del futuro. Christiane giunge a Siracusa apparentemente per caso, per aiutare un amico, il dottor Alter, uno psichiatra tedesco ammalato e bisognoso di cure e soprattutto del benefico clima mediterraneo. Lei lo accompagna, e si innamora di questo luogo.

Così, mentre Hitler sale al potere e l'Europa precipita verso la catastrofe della guerra, Villa Fegotto (che poi avrebbe preso il nome della sua "ospite") diventa l'angolo di paradiso in cui vivere. Eppure non è facile realizzare questo sogno per Christiane, che in pochi anni viene tradita due volte: dal Council presso cui lavora, che l'accusa di "disordine" nella contabilità (episodio che la porta a dare le dimissioni, sebbene sia rapidamente comprovata la sua innocenza), e dal dottor Alter, che approfittando della sua fiducia vende la villa e scappa con i soldi. Tuttavia Christiane non si perde d'animo e si riappropria di questa casa che è soprattutto un luogo dell'anima: Villa Reimann è per lei una conquista, un atto di libertà.

È il 1935 quando la signora Reimann si trasferisce definitivamente a Siracusa, dove trascorrerà la sua lunga vita dedicandosi al suo frutteto e affrontando con coraggio e determinazione anche i momenti più difficili. Uno di questi ha luogo proprio durante la guerra, quando, in virtù dei suoi contatti con la Croce Rossa Internazionale, lei diviene per l'intera comunità un punto di riferimento per la ricerca dei prigionieri e dei dispersi. Villa Reimann, rapidamente individuata come luogo di ritrovo e di riferimento per i parenti che cercano i loro cari, suscita preoccupazione alle autorità che temono disordini o cospirazioni. Per questa ragione la padrona di casa è costretta a cambiare residenza nel comune di Floridia, ma neanche questo basterà a fermarla: Christiane percorre a piedi, tutti i giorni, svariati chilometri continuando la sua attività a Siracusa. Né i disagi terminano con la fine della guerra, quando anche gli alleati rivolgono l'attenzione alla sua villa, stabilendovi il quartier generale inglese e relegando la loro "ospite" in una stanza…

Dovette trascorrere ancora del tempo perché la situazione tornasse a quella "normalità" che per la signora Reimann fu il beneficio di una paziente attesa e di un instancabile slancio verso il futuro.

È piena di storia, questa casa, dell'amore e della dedizione di questa Karen Blixen "siciliana" che fu rapita dalla luce di Siracusa, dalla sua anima greca, dalla sua campagna profumata e generosa d'agrumi. Villa Reimann è un'oasi. Dalle terrazze che si aprono sul giardino si scorgono cave e necropoli antiche, mentre piante rigogliose cantano al vento regalandoci suoni e immagini di "altri tempi". Al centro del parco una pagoda in stile orientale si erge tra alberi esotici, una "collezione d'arte naturale" proveniente da tutto il mondo: l'*Acokanthera Venenata*, la pianta velenosa in cui i guerrieri dell'Africa meridionale intingevano la punta delle frecce; l'australiana *Meryta Denhamii*, con le sue foglie grandissime capaci di giungere, nella loro terra di origine, a un metro di lunghezza; la *Pomelia bianca* dall'America tropicale, l'alloro sacro al greco Apollo, il ficus e l'oleandro giallo delle Antille; e ancora i fiori "sulfurei", che ci ricordano come anche un fiore sia capace di uccidere; il *Pittosporo* della Cina, dai bianchi germogli profumati; il *Quajabo* del Brasile, l'albero caro al colibrì, con la sua corteccia butterata. E poi palme, pini, agrumi. È un posto magnifico Villa Reimann, con i suoi mandarini carichi di frutti nel cuore dell'inverno, la casa a due piani elegante e magica che generosamente questa creatura dell'estremo nord donò al comune di Siracusa perché ne facesse una sede universitaria.

Sono gli anni Settanta. Mentre la signora Reimann firma il testamento con il lascito al comune di Siracusa di una "casa della cultura" per i giovani e per la città, qualcun altro decide che quest'angolo di Sicilia cantato dai poeti latini, questa terra baciata dalla grazia degli dèi, ha un solo futuro possibile: la grande industria. Montedison, Isab, Enel, Cogema, Centrale elettrica, Petrolchimico, Industria siciliana asfalti e bitumi. Sulla costa che porta da Siracusa ad Augusta sorge, come un gigante, un immenso polo industriale. Ci fa riflettere Danilo Dolci, quel sacerdote di origine triestina che amò la Sicilia, un vero costruttore di pace, quando dice: «Il problema non è / industria sì oppure industria no: / ma industria come, / quale il rapporto tra l'uomo e la macchina / tra l'uomo e gli altri uomini / e chi guadagna, e quanto»[5].

Ma questa industria racconta anche la storia di un innamoramento illusorio, un paradossale "slancio futurista in ritardo" che coinvolse quanti videro nel progresso della scienza e nelle sue nuove promesse una rapida soluzione all'arretratezza, a un fatalismo quasi verghiano: altre possibilità, una diversa socialità, la casa confortevole, la scuola per i figli, il salario, la novità. Le macchine rimbombano, attirano come un canto di sirene infuocate, o come il cavallo di Troia, dono ambiguo per eccellenza, così difficile da "leggere". La Sicilia parve allora un baricentro geografico ideale, sebbene venissero trascurati altri requisiti non meno importanti, come la disponibilità della materia prima, le infrastrutture, la cultura tecnologica per realizzare una fabbrica competitiva. Forse ha ragione Pippo Fava, il giornalista coraggioso e sferzante ucciso dalla mafia ma mai messo a tacere, quando definì questa «la storia di un grande sogno moderno che non si è mai trasformato in realtà»[6].

---

[5] Cfr. Danilo Dolci, *Il Limone lunare. Poema per la radio dei poveri cristi*, 1970.

[6] Cfr. Giuseppe Fava, "Industria il fallito sogno siciliano", *I Siciliani*, n. 5, 1983; ripubblicato nel 2003 dalla Fondazione Fava nella raccolta *Un anno*. Cfr. anche *I Siciliani*, 1980, in particolare i capitoli "Devastazione", "Un incubo ogni giorno", "Piccolo uomo".

Eppure, attraversando le campagne a nord di Siracusa e la sua costa violata, sembra inspiegabile ogni attrazione per questo mostro ferrigno, questo ciclope infuocato che avvelena l'aria e l'acqua. Attraversiamo in macchina la campagna malata, anche se a tratti le atmosfere ci ingannano: sembrano le stesse, tra gazze e alberi di ulivo, di quella Sicilia dipinta nei quadri di Guttuso o di Guccione. Così, almeno, per pochi istanti, quando il vento allontana i fumi o un'altura nasconde la metropoli di ferro.

Cerchiamo un sito archeologico straordinario, *Megara Iblea*, ma è difficile trovarla: mancano le indicazioni, i cartelli stradali, per cui si rischia di girare in tondo per ore attorno a questa città fantasma, costretti a reggere con lo sguardo la vista degli impianti che si interpongono tra noi e il mare, tra l'antica città e noi che la cerchiamo. Sono ormai irriconoscibili quei borghi marinari in cui le barche stavano posteggiate dinanzi la porta di casa, come *Marina di Melilli*, con la sua spiaggia piena di dune sabbiose dove sbocciavano fiori blu detti "occhi d'angelo", dove l'acqua del mare era color pavone, come scrive Tomasi di Lampedusa nel racconto *La sirena*, un indimenticabile e struggente inno alla bellezza e alla vita.

Giungiamo finalmente al sito di Megara Iblea attraversando una via fiancheggiata da oleandri profumati; acquistiamo il biglietto in un casolare costruito tra la campagna e il mare. Su questa costa erano approdati dalla Grecia i Megaresi guidati da Lamis e, dopo aver girovagato, si erano stanziati su questo lembo di terra concesso loro dal re siculo Hyblon, sovrano di Pantalica. Erano agricoltori, artigiani, esperti nella metallurgia e nella ceramica; resero la città talmente fiorente da fondare a propria volta una ulteriore colonia, Selinunte. Sembra incredibile che questo sito sia così misteriosamente nascosto, certamente sottovalutato, inglobato nel cuore di un'area industriale contigua a un cementificio.

Ma la vita mostra una coerenza quasi inimmaginabile, e il destino di Megara ci appare più complesso quando ne leggiamo la storia. Apprendiamo allora che questa colonia, fondata nel 728 a.C., fu totalmente rasa al suolo due volte: prima nel 483, da Gelone, tiranno della rivale Siracusa, che ne deportò in schiavitù la popolazione, inglobando tra i suoi cittadini, come sempre accade, i Megaresi più abbienti; la seconda volta dopo la ricostruzione in età ellenistica voluta da Timoleonte, durante la campagna di conquista romana guidata da Marcello, nella stessa spedizione che uccise Archimede e segnò la fine della Siracusa greca (214-213 a.C.).

Quello di Megara Iblea sembra essere un destino denso di eventi traumatici, di morti violente e rinascite "miracolose"; colpisce, entrando nel sito archeologico, la straordinaria energia che travolge il visitatore, come se avesse varcato i confini di un recinto sacro. Allora tutto ciò che ne è al di fuori non sembra più essere così importante, così prominente: vince la meraviglia che suscita questa città, di cui si leggono perfettamente (attraverso le tracce sul suolo e le fondamenta dei fabbricati) le vie principali, l'agorà, i luoghi sacri e i numerosi edifici a uso abitativo, appartenenti a epoche diverse. L'impianto urbano del VII secolo a.C. è composto da una piazza monumentale e da due quartieri di andamento diverso che qui trovano un punto di incontro.

Ecco il pritaneo, situato nell'angolo sud-ovest dell'agorà arcaica, dove avevano luogo le riunioni dei magistrati; sono ancora leggibili i segni del portico che si affacciava sul cortile (VI sec. a.C.). Vi sono tracce di due templi del VII secolo a.C., a sud e a ovest, e dell'*Heroon*, il tempio arcaico dedicato a un eroe fondatore, probabilmente proprio quel Lamis che aveva guidato la spedizione megarese in Sicilia. Si viveva bene a Megara Iblea in età ellenistica, come raccontano gli impianti di case, con vani in successione, per abitazioni o botteghe e, soprattutto, il vasto complesso termale del II secolo a.C. di cui si possono individuare i vari elementi: il pozzo, i forni che riscaldavano l'acqua, bagni e spogliatoi con tracce di panchette e stucchi rossi, la sala per le abluzioni che doveva essere provvista di vasche in terracotta. Notiamo come la città ellenistica ricostruita da Timoleonte abbia mantenuto la preesistente struttura arcaica, mutandone però il rapporto tra spazi pubblici e privati a netto vantaggio dei secondi: si riduce l'agorà, crescono gli spazi abitativi.

Gli scavi curati dai professori Vallet e Villard e dall'architetto Auberson dell'École Française de Rome hanno portato alla luce le vestigia dell'antica Megara, e ci permettono osservarne l'ossatura: ma solo l'immaginazione può fare il resto, permettendoci di camminare tra le fondamenta delle costruzioni come se la città esistesse ancora, intatta, splendente. Nei pressi dell'agorà è stata trovata una maschera teatrale della fine del VI secolo a.C., un *unicum* nel suo genere con gli occhi sgranati e la bocca contratta nella dolorosa espressione tragica; da Megara proviene una delle sculture più intense e imponenti del Museo Paolo Orsi, la madre che allatta i due neonati in un abbraccio che chiude nello stesso cerchio lei e i figli: è la *Kourotrophos*, immagine stessa della maternità universale, la donna-terra che nutre eternamente la vita.

Può sorprenderci la nostra capacità di ricostruire con la parte il tutto, di svelare il mistero attraverso pochi indizi, usando quella "intelligenza sentimentale" che sa cogliere l'essenza di un luogo mettendosi in sintonia con esso, anche quando a uno sguardo superficiale sembra logorato, incompleto, perduto.

Accade a Megara Iblea come in un altro sito molto speciale, per certi versi segreto, non meta abituale di visite turistiche; piuttosto, silenzioso luogo per "ospiti" solitari: il *Tempio di Zeus* (o Giove), chiamato anche "le due colonne". Raggiungerlo è facile, precede di pochi metri il bivio cha dalla statale 114 porta alla località chiamata *Isola*[7], quel lembo di terra opposto a Ortigia che insieme a essa chiude il porto nella sua armonia perfetta. Seguendo le indicazioni percorriamo una strada secondaria che ci conduce al tempio.

[7] L'Isola è una contrada della più vasta Penisola della Maddalena che fronteggia Ortigia sul versante opposto del Porto Grande.

Delle colonne che cingevano l'imponente periptero esastilo di fattura arcaica (due file di sei nella parte frontale e di diciassette ai lati) oggi ne rimangono solo due, gigantesche e monolitiche, poste su blocchi ciclopici di pietra bianca che sembrano emergere dalla fitta vegetazione. Eppure, nonostante le ferite inflitte dal tempo, nulla qui dà una sensazione di incompiutezza o di mutilazione, come se il monumento fosse perfetto, perché lo spazio del suo perimetro è ancora in qualche modo "sacro", partecipe di quella religione della natura che fu profondamente greca.

Dedicato a Zeus Olimpio, era un luogo importante anche dal punto di vista politico, poiché conteneva le liste dei cittadini. Baluardo di avvistamento, domina l'intero specchio del porto in una unica, straordinaria visione, con le foci dell'Anapo e del Ciane che confluiscono verso il mare, il profilo della bianca Ortigia dalla Marina sino al Castello Maniace e su fino alla piazza-acropoli che un tempo appartenne alla dea Atena. Oggi, file di pini e cipressi hanno sostituito le colonne, accogliendoci in un fresco abbraccio, quasi un respiro: forse in principio, in un tempo senza inizio, non furono che questi gli edifici sacri, fatti d'alberi, di terra e pietra.

Percorriamo a ritroso il cerchio del porto ed entriamo in Ortigia, attraversando il ponte che sembra condurci in un luogo a sé, su quest'isola così facile da amare, la cui stessa esistenza è un miracolo.

Quando, nel 1693, un terremoto la travolse – come tutto il territorio orientale della Sicilia – le ferite del sisma furono trasformate in bellezza grazie a quella ricostruzione barocca che, pur dando un volto nuovo alla città, non smarrì la continuità con il passato; anzi, fu proprio seguendo le tracce delle case diroccate (a loro volta inserite su costruzioni preesistenti) che furono edificate le nuove, mantenendo l'impianto viario ortogonale della città greca.

Così, segni di epoche e stili diversi continuano a sedimentarsi sugli stessi luoghi, che diventano come palinsesti, diari di pietra, a testimonianza delle età trascorse. Ma non sempre la comunità ha avuto la stessa sensibilità verso il passato, anzi...

Poco meno di tre secoli dopo il grande terremoto, Ortigia sarebbe stata abbandonata, lo "scoglio" svenduto per una sistemazione comoda nei nuovi insediamenti della città, più puliti, più funzionali. E quando il condominio vinse sulla strada ombrosa dell'isolotto, non mancarono proposte di "riammodernamento" del quartiere che andava spopolandosi. Già ai primi del Novecento erano stati attuati clamorosi sventramenti: per la costruzione voluta da Mussolini di *Via del Littorio* (oggi *Corso Matteotti*), la strada che aprì definitivamente Ortigia al traffico automobilistico, fu in buona parte raso al suolo il rione *Sperduta*, un luogo suggestivo e magico, un'isola nell'isola. Ne restano solo alcune "chicche", come una deliziosa casa a due piani, in *Via dei Mergulensi*, da cui si accede attraverso una scaletta esterna, o *Palazzo Gargallo* nella vicina piazza, con la sua raffinata architettura in stile catalano e il giardino rigoglioso di palme. E, ancora, la casa di *Ronco del Pozzo*, che ci sorprende con un piccolo angelo di pietra portatore di fiaccola incastonato nella facciata, l'unica traccia rimasta di una preesistente chiesa, costruita proprio lì, dedicata alla Madonna degli Angeli, protettrice dei bottegai e dei tavernieri.

Di questo quartiere totalmente smembrato rimane intatta *Via dei Tintori*, la strada un tempo abitata dai Giudei tintori di cotone, dove si trovano ancora rari elementi in stile gotico trecentesco. È labirintica, silenziosa e vigile, come la sua gente. La Sperduta doveva essere fatta così, con ronchi e piccoli slarghi, vicoli vissuti come un prolungamento delle case e delle *putie* (botteghe), senza confini tra spazio interno ed esterno, con i suoi bambini randagi, i cortili, le sedie fuori dalla porta... Per certi versi la sua anima esiste ancora, basta andare in un quartiere ortigiano che le somiglia molto, la *Graziella*, che mantiene quella singolare familiarità tra vicini e compagni di giochi, l'intima convivenza di una grande, irrequieta famiglia.

*Ortigia abbandonata.*
Foto di Giuseppina Norcia

Gioiello della Sperduta, con la sua splendida facciata bianca in stile gotico chiaramontano recentemente restaurata, è *Palazzo Montalto*, che negli anni Settanta fu un vero e proprio simbolo del degrado del centro storico.

Dopo l'esodo verso i nuovi quartieri, Ortigia diviene difficile da tutelare: c'è chi vuole preservare solo poche strade e demolire il resto; qualcuno propone la realizzazione di un "museo all'aria aperta" in un'isola fantasma, svuotata dei suoi abitanti; fioccano le proposte di sventramento o soluzioni impraticabili, come l'idea di smontare letteralmente Palazzo Montalto e rimontarlo altrove. Contro questi slanci vagamente modernisti si leva possente la voce di un altro strenuo combattente, Gioacchino Gargallo, marchese di Castel Lentini, storico, intellettuale raffinatissimo, figlio di quel Tommaso che aveva inventato le Rappresentazioni Classiche nel 1914 e discendente dell'omonimo poeta settecentesco.

Nonostante le violenze perpetrate al quartiere dalla demolizione di alcuni edifici storici e dalla costruzione di altri in cemento totalmente fuori contesto, le battaglie combattute con tenacia e passione, rigore scientifico e professionalità da questo intellettuale coraggioso hanno offerto un contributo fondamentale alla tutela di Ortigia, il cui valore è oggi, finalmente, considerato patrimonio dell'umanità. Gargallo lo ha lo ha protetto quando era indifeso e disprezzato, con una giusta indignazione seguita da azioni e "compagni d'armi" intelligenti: il pamphlet *Le Ceneri di Ortigia* è la testimonianza della sua passione per la bellezza e la verità.

Non vi è storia umana che non conosca ferite. Anzi, bisogna "usarle", per il significato, il valore di cui sanno essere portatrici. Saliamo sui bastioni che si affacciano monumentali sul *Lungomare di levante*: sembra di stare sul ponte di una nave, nella terrazza del *Forte Vigliena* o su quelle "torri" che concludono il *Lungomare Vittorini*, dietro il mercato. Ci trasformiamo in vedette, su questi residui di mura spagnole che un tempo cingevano Ortigia, oggi sospese tra bellezza e decadenza, gabbiani e salsedine, tracce di storia e murales da periferia metropolitana.

Da qui scorgiamo il profilo roccioso della città, il vicino molo con i blocchi frangiflutti su cui si schiantano le onde bianche delle mareggiate, le barche ormeggiate nel porticciolo Santa Lucia, oltre i ponti, e poi ancora *Riviera Dionisio il Grande*, che culmina nel monumento ai caduti nella campagna d'Africa: bianco come di gesso, Piazza Venezia in miniatura. È emozionante affacciarsi da lì sulle scogliere alte e scoscese, su un mare greco con antri ciclopici.

Proseguiamo a piedi dal luogo in cui prima posavamo lo sguardo, fuori da Ortigia, alle spalle del Viale Tunisi, lungo la pista ciclabile che si apre ora sul ciglio della scogliera dove un tempo era la strada ferrata descritta da Vittorini in *Conversazione in Sicilia*. La città si sdoppia ancora una volta, tra i palazzi e il mare, tra le sue prigioni e la sua libertà, una bellezza che non muore mai, come un'araba fenice capace di risorgere ogni volta dalle sue ceneri.

Qui Siracusa sta riacquistando lentamente la vista. Al tramonto, l'ombra delle palme si allunga sul *Convento dei Cappuccini*, con quella sua facciata bianca, quasi esotica, che ricorda una chiesa messicana; abbattute finalmente le casupole sul ciglio delle latomie, lo sguardo si apre di nuovo sulle bocche delle cave, dalla strada che la cinge, come dalla terrazza di *Villa Politi*, l'hotel ancora intatto e denso di atmosfere retrò in cui alloggiò Winston Churchill e dove De Amicis amava trascorrere le sue serate. D'estate si sta così bene qui, nella riviera, quasi fosse un luogo di villeggiatura, da voler rimanere tutta la notte su una delle sue terrazze, come sospesi sul mare, e vedere Siracusa galleggiare sull'acqua, solitaria e silenziosa, immersa in un profumo di gelsomini e oleandri, con le luci appena soffuse, quieta, come se dormisse sognando i suoi duemila e settecento anni di storia.

# G
## Giudecca

Ancora non aveva pronunciato verbo e nome, prima di «Ieí or», sia luce, al verso terzo. Nel buio di abissi e mondo il suo vento passava in superfici di acque.

Erri De Luca, *Opera sull'acqua*

Uno di quei posti miracolosi in cui il viaggiatore si sente parte della storia, ma pure in preda a un leggero senso di colpa. Nel raccoglimento del *miqweh* ha l'esatta percezione di essere proprio lui il profanatore.

Roberto Alajmo, *L'arte di annacarsi*

Si racconta che un giorno, in Terra Santa, un pellegrino abbia perso nelle acque di un fiume una scodella con dentro sette monete e che l'abbia trovata tempo dopo a Siracusa, ancora piena, mentre si dissetava bevendo alla Fonte Aretusa.

Un ponte magico e invisibile unisce Siracusa e la Terra Santa, e acquista consistenza, diviene reale ogni volta che ci sforziamo di andare oltre l'evidenza, oltre ciò che è comodo, facile, come i nomi di queste strade, che se ne stanno lì, scritti nero su bianco: *Via del Crocifisso*, *Piazza del Precursore*, *Via Mario Minniti*, *Via Alagona*... La toponomastica di uno dei più misteriosi e affascinanti quartieri di Ortigia, a eccezione di *Via della Giudecca* e dei suoi vicoli, non racconta quasi niente dell'antico "rabato", il sobborgo, il ghetto dei Giudei.

Un mondo a sé, vicinissimo al cuore della città eppure escluso da essa, quasi un'isola nell'isola, che si affaccia sul mare come una nave, rivolto a oriente per "guardare" Gerusalemme, luogo ideale, immaginario e immaginato anche da chi non aveva la possibilità di raggiungerlo con un viaggio che desse senso agli sforzi di tutta una vita.

C'è anche chi non si è accontentato di guardarla dalla balaustra di Ortigia, la Terra Santa, come una donna di nome Argenta, che vendette la sua casa per andare in pellegrinaggio. È un atto notarile a raccontarci questa storia, pur nel linguaggio semplice e coinciso delle compravendite[1]; e sono ancora queste fonti a restituirci i nomi delle strade e di quelli che le abitarono, prima che l'editto di Ferdinando il Cattolico cacciasse i Giudei dalla Spagna e da tutti i suoi domini.

Il 1492 non è solo un anno di traversate transoceaniche alla scoperta-conquista di un nuovo mondo: mentre la Niña, la Pinta e la Santa María solcano i mari e Cristoforo Colombo riempie il suo Giornale di Bordo di annotazioni su popoli fino a quel momento sconosciuti, su terre lontane colme di ricchezze, migliaia di Giudei vengono espulsi per volontà del sovrano dalle città in cui si sono insediati, dove fioriscono le loro attività, in cui vivono la loro vita. Così, le stesse città che li avevano ospitati si affrettano ora a cancellarne i segni, tentano di nasconderne le tracce in una fredda e studiata *damnatio memoriae.* Ecco che *Via David Sigilmes* diviene *Via del Crocifisso*, *Platea Parva* diventa *Piazza del Precursore*, *Ruga della Meschita*, che portava alla sinagoga, diventa tempo dopo *Via Mario Minniti*, un omaggio *post mortem* al pittore siracusano amico e allievo del Caravaggio. E la sinagoga diventa chiesa.

Le tracce sono sparite, ma solo apparentemente, perché per sentire la vita della Giudecca basta attraversarla con un doppio sguardo, come funamboli in bilico tra il presente e il passato. Bisogna fermarsi, chiudere gli occhi, immaginare e poi ancora

---

[1] Archivio di Stato di Siracusa, *Notai defunti*, not. N. Vallone, reg. 10227, cc. 245r-247r. Per la documentazione archivistica e per la ricostruzione dell'antico "rabato", cfr. in particolare Angela Scandagliato e Nuccio Mulè, *La Sinagoga e il bagno rituale degli ebrei di Siracusa*, 2002.

ascoltare l'anima di questo luogo, visitarne i sotterranei, restituire i nomi alle cose. Allora, come in un viaggio nel tempo, il mosaico si ricompone, ogni tessera ritrova il suo posto: la sinagoga, le case, le vie commerciali, il cimitero, il macello, il bagno rituale, le botteghe degli artigiani.

Sembra che le prime comunità ebraiche a Siracusa vivessero nella zona di Acradina e che vi fossero giunte seguendo le stesse rotte dei primi missionari cristiani: navi che dall'Oriente e dall'Africa a Roma, e poi ancora da Roma ad Alessandria, si fermavano qui a svernare. Lucerne, stele sepolcrali, epigrafi con simboli ebraici del III-IV secolo d.C. trovate dall'archeologo Paolo Orsi nel quartiere di Acradina ne sono una testimonianza. Successivamente, questa comunità si trasferisce a Ortigia, la città-fortezza, luogo senz'altro più protetto dalle incursioni dei Saraceni nonché centro del potere politico-religioso, ideale per insediarvi le proprie attività economiche.

A Siracusa gli ebrei erano proprietari di terre, artigiani, mercanti, prestatori, tessitori di seta, tintori, conciatori: questi erano i loro mestieri, i vicoli di Ortigia i loro luoghi.

Il macello era fra le mura e il mare, nei pressi dell'attuale *Forte Vigliena*, in una contrada che si chiamava *maris iudeorum*. Le fonti ne parlano come di un luogo dall'olezzo insopportabile, una zona rischiosa, soprattutto di notte, dove era molto facile essere aggrediti e derubati dai malviventi nascosti nei recessi più bui.

C'era la contrada *di li muragli*, con vigne e muretti a secco, e quella del *pozzo ca sbruffa* (nell'attuale *Via Larga*, detta allora, similmente, *Ruga Larga*) così chiamata per la presenza di un pozzo collegato al mare che pareva respirasse, soprattutto nei giorni di tempesta. E, ancora, le stoviglie fabbricate in *Via della Scutelleria* (oggi *Via nome del Gesù*), i trappeti della *Mastrarua*, i fabbri ferrai che lavoravano nella contrada detta appunto della *Ferraria* (oggi *Via Nizza*).

*Platea Giudaice* (*Via della Giudecca* con i suoi slarghi) era la via commerciale del ghetto, con i suoi magazzini, le botteghe, le taverne, i fondachi; *Ruga de l'aulivo*, oggi il delizioso *Vicolo*

*Ortigia, Lungomare di levante.*
Foto di Daniele Aliffi

*dell'Ulivo*, ospitava invece l'ospedale dei Giudei, situato dentro un *baglio*, un cortile su cui si apriva un complesso di caseggiati: la foresteria per gli orfani e i pellegrini, il pozzo-bagno per le abluzioni, forse anche un oratorio.

Il cimitero era fuori le mura, a monte del Porto Piccolo, mentre la sinagoga corrispondeva probabilmente alla *Chiesa di San Giovannello*[2].

Anche la comunità ebraica, come già era accaduto ai "padri fondatori" della Siracusa greca, ha trovato in Ortigia, nel suo cuore d'acqua dolce, le condizioni ideali per far vivere i suoi

---

[2] Secondo una interessante ipotesi di ricostruzione dell'impianto viario, *Ronco Palma* era in realtà uno dei cortili di accesso alla sinagoga; l'ingresso principale doveva essere costituito da un cortile cui si accedeva da Via Minniti, allora *Ruga della Meschita*, attraverso un grande arco abbattuto successivamente proprio dal pittore Mario Minniti, che nei pressi dell'arco possedeva la sua casa. Questo cortile sarebbe poi divenuto l'attuale *Vicolo dell'Arco*.

simboli e i suoi riti: in *Via Alagona*, a diciotto metri sotto terra, è stato rinvenuto un Bagno ebraico perfettamente conservato (vedi voce *Bagno ebraico*), il *miqweh* per la purificazione che era stato volutamente nascosto, sepolto dagli stessi ebrei in fuga dopo la loro cacciata da Siracusa. Ancora un ipogeo, uno dei tanti sotterranei di Ortigia, con le loro sorgenti naturali che sembrano affiorare dal tempo del mito, cavità nascoste d'una città a doppio fondo, multanime e piena di segreti.

Quando soffia il vento, il mare si schianta violento sugli scogli, in questo lato orientale di Ortigia, selvaggio, decadente, rischioso.

Giudecca. Attraversiamo i suoi vicoli dai muri screpolati, simili a volti butterati, che nei giorni d'inverno mettono inquietudine, come le maschere barocche che di tanto in tanto si affacciano dai palazzi, sotto i balconi, sui portali.

Qualche volta, anche nelle strade più anguste, si schiude scricchiolando una porta e mostra allo sguardo stupito un cortile, un albero, una palma: allora si svela un mondo inaspettato, un respiro d'ombra e di verde. Una rivelazione.

Panni stesi si aprono come sipari sugli occhi delle donne o ondeggiano gonfiandosi al vento come vele di una barca che vorrebbe partire e che non salpa mai; dai bassi, voci inondano i vicoli con parole di amore o di lite, risa e giochi di bambini, stoviglie messe a lavare, televisori che gracchiano inascoltati, mescolandosi a un miagolio di gatti selvatici.

E ogni volta si è indecisi se continuare a camminare, diritti verso il mare, o rallentare il passo per farsi toccare da questa vita che vibra dietro le tende, dentro quei muri pieni di cicatrici, e ascoltarla, rispettosamente, senza fare rumore.

# H

## Hamdîs

Osserva la bellezza della luna nuova
che spunta e squarcia col suo apparire le tenebre.
Sembra una falce d'oro,
che miete il narciso fra i fiori dei giardini.

Ibn Hamdîs, *Il Canzoniere*

«Sicilia mia. Disperato dolore si rinnova per te nella memoria.» Queste parole sembrano scritte da un emigrante del secolo scorso, costretto a reinventarsi una vita nel nuovo mondo. Sanno di navi, di valige malmesse, di bauli che scivolano sull'acqua mentre gli occhi della mente guardano una terra che si allontana... «Ddà 'u me sangu, ddà a me linfa, ddà a me vita e ddà curri la menti comu currunu i lupi a la montagna.» Pensieri dinanzi a un mare nemico che sa di dolore e di separazione: «Ah, mari, mari tintu, è tuttu a li to spaddi 'u paradisu»[1].

Eppure, questa sofferenza così struggente, così vicina alla nostra sensibilità, appartiene a un uomo che non è di oggi, ma visse nell'XI secolo d.C.: si chiamava Ibn Hamdîs ed era un arabo siracusano. Quando nacque – a Siracusa o a Noto intorno al 1052 – gli Arabi si erano stanziati in Sicilia già da due secoli, dopo aver soppiantato la dominazione bizantina, anche grazie alle discordie interne e al tradimento di un ammiraglio di origine greca che "vendette" la Sicilia per guadagnare un po'

[1] Il testo è di Ibn Hamdîs nella versione in siciliano di Emilio Isgrò; cfr. Francesca Maria Corrao, *Poeti arabi di Sicilia*, 2002.

di potere[2]. Così, un esercito di diecimila uomini – Arabi, Berberi, Spagnoli musulmani – sbarcò nell'827 a Mazara dando inizio alla conquista araba della Sicilia. Palermo, Enna, Cefalù, Taormina caddero progressivamente sotto i nuovi dominatori in un processo di continua erosione dei territori bizantini che durò settant'anni e culminò con la presa della città anima della resistenza antimusulmana: Siracusa.

Ortigia viene espugnata dopo nove mesi di assedio; è il 21 maggio 878: «Siamo stati conquistati, siamo stati conquistati», scrive dalla prigionia il monaco Teodosio all'arcidiacono Leone, raccontando dell'assedio, di come i musulmani avessero usato mine sotterranee e grandi macchine da guerra e fatto razzia dei tesori contenuti nella Cattedrale, raccogliendo cinquemila libbre di bottino. È lui a descriverci la popolazione ormai allo stremo, ridotta a mangiare ossa macinate mescolate all'acqua della Fonte Aretusa. Mali indicibili, malattie. Ma i giorni dell'assedio e la prospettiva di un monaco cristiano sono solo tessere di un mosaico molto più grande[3].

Di certo la vita dei vinti non fu facile, sebbene non fossero sottoposti a vere persecuzioni religiose. Molte chiese furono trasformate in moschee anche se, in generale, i cristiani potevano seguire le proprie leggi; i loro tributi erano più esosi e pare che cristiani ed ebrei dovessero portare sugli indumenti segni di riconoscimento. Inoltre, non potevano suonare le campane delle chiese o recitare versi della Bibbia vicino ai musulmani, doveva-

2 Si chiamava Eufemio ed era di origine greca; abile guerriero ma uomo prepotente, dissoluto, superbo, aveva offerto la Sicilia agli islamici come provincia tributaria pur di ricevere in cambio il titolo di governatore. Fu ucciso a tradimento dai Siracusani, che lo disprezzavano.

3 La presenza degli Arabi in Sicilia riguarda un periodo storico studiato per la prima volta intorno alla metà dell'Ottocento da Michele Amari, storico di straordinario talento, uomo politico e arabista siciliano, con la raccolta di testi dal titolo *Biblioteca arabo sicula* e la celebre *Storia dei musulmani in Sicilia*, scritta tra il 1854 e il 1872.

*Vaso di ceramica siciliana (particolare).*
Foto di Giuseppina Norcia

no alzarsi in piedi quando essi entravano in una stanza, o cedere loro il passo in una pubblica via.

Insomma, in poco tempo i nuovi abitatori divengono i padroni di casa; soprattutto, gli Arabi cominciano a sentirsi Siciliani, con un senso di appartenenza ai luoghi che permane e si radica con l'avvicendarsi delle generazioni e delle stirpi al potere: dapprima gli Aglabiti dalla Tunisia, poi gli egiziani Fatimidi e infine gli emiri Kalbiti (947-1053), veri principi mecenati che rendono la Sicilia luogo di scambi tra gli eruditi islamici d'Occidente e quelli d'Oriente. Linguisti, grammatici, scienziati e poeti provenienti dal Nord Africa e dall'Andalusia trovano qui il luogo del dialogo. La Sicilia è davvero il cuore del Mediterraneo.

Ibn Hamdîs vive negli anni del tramonto di questa civiltà, nel periodo di crisi politica successivo alla dominazione dei Kalbiti e appena precedente alla fine del dominio islamico nell'isola. E questo rende la sua testimonianza graffiante, emotiva, struggente: la voce di Ibn Hamdîs è il canto del cigno della Siracusa araba. È il canto della separazione, del paradiso perduto, dell'amore per una terra che può essere persino più intenso di quello che si nutre per gli affetti più intimi.

Siracusa diviene tutto. Madre, amante, amica, simbolo del piacere e della giovinezza, ma anche ferita aperta che parla di violenza, di privazione, di morte. Passione e delicatezza si uniscono nello sguardo del poeta: «Ecco un paese a cui la colomba diede in prestito il suo collare, e il pavone lo vestì del colore delle sue penne. Pare che quei papaveri siano vino e che i piazzali delle case siano i bicchieri».

Quando abbandona definitivamente la Sicilia – nel 1078, con l'avanzare dei Normanni – Ibn Hamdîs vi lascia moglie, figli, amici, genitori. Eppure, nei suoi scritti gli esseri umani quasi svaniscono, sono volti e nomi appena intuibili, al cospetto di quel paradiso perduto che è la sua città, Noto, e la casa in cui visse.

Dio protegga una casa in Noto
e nubi cariche di pioggia vi affluiscano
la vedo a ogni ora nel ricordo
e a lei invio le lacrime che verso
mi struggo di nostalgia
per la casa, i vicini e la virtù
attraente delle ragazze
chi partendo ha lasciato il cuore
in quella terra
con il corpo desidera tornare[4].

Luogo di ricordi dolcissimi, la Sicilia è catturata dentro un passato sempre più idealizzato e insieme così vivo da trasmettere tutta l'intensità di questa terra, il gusto, l'odore, i colori. Con gli occhi del poeta vediamo l'orto degli incontri amorosi di cui sente ancora il profumo di basilico, o l'atmosfera delle feste, che

[4] Versione di Antonio Porta; cfr. Francesca Maria Corrao, *Poeti arabi di Sicilia*, 2002.

descrive nel *refrain* quasi ossessivo del ricordo. Come in una sequenza cinematografica (sì, in una poesia di dieci secoli fa...) lo vediamo gettare la moneta d'argento e una dama spillare dall'otre il vino, «nettare d'oro». E quattro giovani uomini fingere di chiedere in spose quattro fanciulle, per «coglierne la rosa nel bel gioco». Profumi, risa, labbra sui calici, volti lucenti come lune, in un'atmosfera densa di sensualità, di canti e di danze, di candele che compongono immaginifiche architetture: «Una pallida siepe di candele porta fiori di fiamma sulle cime. Quasi una fila di lievi colonne equilibrate in duplice armonia». La mente ripercorre il tempo come sgranando una collana di perle. Ricordi, momenti di vita, come il commiato dal padre, che gli affida consigli «chiari come astri» per guidare la mente, insegnandogli che la vita è un viaggio.

Ma il mare non è mai una presenza amica in Ibn Hamdîs; piuttosto è il simbolo della precarietà, dell'instabilità dell'esistenza, della distanza immensa che si frappone tra il presente di profugo e la felicità del passato. Questo mare nemico è violento, verdeggiante, una forza che schianta l'anima come «un epilettico invaso dal demonio». Se potesse lo attraverserebbe in cielo, Ibn Hamdîs, che vorrebbe trasformare la mezza luna in una barca da stringere al petto fino a raggiungere il suo sogno: «Avrei montata la falcata luna, per arrivare a stringermi al petto il mio Sole». Ma il poeta visionario non riesce mai veramente a volare e si sente un vecchio cammello sfinito, smarrito nel deserto, sotto un cielo lontano e irraggiungibile, che pur regala immagini di straordinaria forza: «L'alba sparge una luce nelle tenebre, come il negro destriero veste il petto di sudore per lungo corso».

La notte è un nero cavallo in corsa, come lui, che non si fermò mai nelle sue lunghe peregrinazioni – Spagna, Maghreb, Tunisia, Algeria – fino al suo arrivo a Maiorca, l'ultima meta dove andò a morire, quasi ottantenne, nel 1133. Avrebbe potuto scegliere di rimanere in Sicilia, accettando i nuovi dominatori come i molti islamici che offrirono uno straordinario contributo alla corte del normanno Ruggero, così aperta al sincretismo culturale. Invece, con una prospettiva ribaltata rispetto a quella di Teodosio, non accetta che le mani dei cristiani abbiano «fatto chiese delle sue moschee». Non era in lui, probabilmente, alcuna inclinazione al compromesso, alla mediazione, come se al suo interno essa nascondesse la rinuncia o la menzogna. Ma questo monito ad andare oltre le apparenze, a non accontentarsi di ciò che sembra, è un lascito prezioso:

Sembrano perfezioni, ma risplendono
soltanto agli occhi tuoi: valgono niente;
quanti nemici stanno in un amico
e in quanta quiete si nasconde il ladro!
Quanti cavalli di armoniose forme
non arrivano, deboli, alla meta!
Quanti cammelli, in viaggio, nella notte,
li trattiene il difficile cammino!
Così l'affanno trascina l'amante
dove l'ascesi e l'angoscia si legano:
sventura all'uomo afflitto da ignoranza,
che gli lodano il corpo e non l'ingegno!
È quasi un'ala, a volare, il denaro:
ma già è stroncata, e non rimane un bene:
quanti uomini degni in vile veste!
Si lucida una spada, e non la gemma[5].

Della Siracusa araba apparentemente non rimane nulla. Quello che l'uomo non ha cancellato è stato distrutto dal terremoto del 1693, che ha portato via con sé anche "il Medioevo" di Ortigia, dandole in cambio il suo volto barocco. In realtà non è così, bisogna affinare i sensi, l'occhio, il palato. Bisogna guardare, come dice Ibn Hamdîs, oltre le apparenze.

Senza gli Arabi non conosceremmo gli aranceti e i limoneti con cui trasformarono la Sicilia in uno splendido giardino, importandovi sapienti sistemi di irrigazione, cunicoli sotterranei

[5] Versione di Edoardo Sanguineti; cfr. Francesca Maria Corrao, *Poeti arabi di Sicilia*, 2002.

che sfruttavano le pendenze del suolo estendendosi per chilometri. Con loro sono arrivati la canna da zucchero, il cotone, i gelsi, la palma da dattero, il pistacchio, il melone. Valorizzarono anche ciò che era già qui, come il carrubo, i cui semi furono trasformati dal loro genio matematico in unità di misura dell'oro, sfruttandone la proprietà di pesare sempre 0,2 grammi indipendentemente dalla lunghezza del baccello: ecco il carato, dall'arabo *quirat*, che ancora oggi indica il seme di carrubo o il numero di parti in oro contenuti in 24 parti di una lega.

Il popolo di Ibn Hamdîs ci ha fatto conoscere il riso, il gelsomino, l'anice, il sesamo, droghe come la cannella e lo zafferano. Se la storia avesse preso un altro corso, la Sicilia forse non avrebbe gli arancini; forse, il torrone di mandorle e la giuggiulena[6] non metterebbero alla prova i nostri denti. Probabilmente, dovremmo rinunciare ai geli di agrumi, ai gelati, alle granite, all'uso smodato di cannella. Appare la mezzaluna ogni volta che, alla fine di un banchetto in uno dei ristoranti della città, assaporiamo un nevoso sorbetto: è l'arabo *sciarbàt*, che univa alla neve dell'Etna le essenze profumate di agrumi, frutti e fiori.

Soprattutto, non esisterebbe quella fantasmagoria di ingredienti, architettura e immaginazione che è la cassata siciliana. L'origine del nome è dato dall'arabo *quas'at*, "ciotola", il recipiente rotondo nel quale veniva cotta la cassata, la cui versione originaria era a caldo, infornata. Da questo dolce squisitamente arabo che, dentro un involucro di pasta frolla, univa gli aromi e gli agrumi "saraceni" alla ricotta prodotta in Sicilia già dalla preistoria, si giunge a una fase successiva quando i Normanni introducono la lavorazione della pasta reale, o pasta di mandorle, che ne costituì il nuovo involucro, arricchito da aromi e coloranti naturali. Per quel tocco di morbidezza e perfezione

[6] Un dolcissimo torrone di miele con semi di sesamo. Il nome deriva dall'arabo *giulgiulan*, semi di sesamo.

*Ortigia, Via Dione. Ceramista nel suo laboratorio.*
Foto di Mario Dondero

che è il pan di Spagna bisognerà aspettare qualche secolo, con il contributo degli Iberici.

Le parole di un poeta e le magie del palato ci hanno dischiuso un mondo. Diventano ancora più belle, più comprensibili, le geometrie perfettamente calibrate dei mosaici arabo-bizantini conservati al *Duomo* di Siracusa, nella *Cappella del Battistero*, e lo straordinario mosaico raffigurante due fiabeschi leoni d'oro ai lati di una palma, esposto nella *Galleria Regionale di Palazzo Bellomo*. E ancora, cos'altro sono, se non arabeschi, le decorazioni di quella che è considerata la "tipica" ceramica siciliana? Quella esplosione di creatività che trasformò il divieto di rappresentare la figura umana in virtuosismo, nell'abilità e nel gusto del miniaturista, la fantasia che articola motivi geometrici in un numero illimitato di combinazioni e d'intreccio. Motivi floreali stilizzati e ripetuti più volte, caratteri grafici disposti con tale eleganza da trasformarsi in puro elemento ornamentale, figure di animali eseguite a linee semplici.

Con questo sguardo ammiriamo le ceramiche di Caltagirone conservate a Palazzo Bellomo: orci, boccali, piatti, vasi che catturano i colori di questa terra di luce e di mare: blu e giallo su uno sfondo bianco. Splendida la collezione di piatti lavorati *a lustro*, con una tecnica che applicava al manufatto minuscole parti metalliche[7] nella fase di cottura conferendo alla ceramica quelle iridescenze policrome che la rendono preziosa e magica, cangiante a seconda della posizione dell'osservatore. Qui, colori bruni, terragni si alternano al blu e all'arancione[8].

Gli Arabi andarono via da Siracusa così come erano venuti, quasi per un gioco ironico della storia. Furono ancora una volta le discordie interne a chiamare il nuovo invasore, quando diverse famiglie di emiri, cercando di instaurare domini particolaristici, favorirono l'intervento dei cristiani. Arrivarono i Normanni e in trent'anni la Sicilia fu conquistata da Ruggero e da suo fratello Roberto il Guiscardo. E ancora una volta Siracusa fu l'ultima roccaforte. Anche qui, sorprendentemente, la storia si ripete.

Camminiamo lungo la *Marina*, il Porto Grande disegna il suo arco sullo specchio d'acqua, quieto; non vi è posto migliore in cui trattenersi a pensare in silenzio, o a parlare un po', liberamente. Il mare si increspa appena al passaggio delle barche dei pescatori che rientrano al tramonto, o escono la notte con le lampare, queste lucciole del mare. Sembra impossibile immaginarvi una guerra. Il dolore non sembra di questo luogo. Ma non è così…

È l'ultima domenica del maggio 1086, la luna splende nel firmamento.

Il capitano saraceno Ben Avert, uomo forte e coraggioso come un eroe epico, accortosi dell'arrivo degli invasori norman-

---

7 Dal rame al ferro, dal manganese al cobalto sciolti in acqua e aceto.

8 La collezione presente alla Galleria Regionale di Palazzo Bellomo proviene dalle officine valenziane. Questa tecnica di lavorazione fu introdotta in Spagna dagli Arabi nel X secolo.

ni, si mette in mare con i suoi guerrieri per affrontare la squadra nemica che minaccia Siracusa. Le due armate si urtano, vengono all'arrembaggio.

L'Arabo e il Normanno sono ora uno di fronte all'altro; ma qui c'è tutto il dolore della vita, ci sono grida e sangue, i morti non sono quelle panoplie di volti e nomi elencati durante gli spettacoli dei pupi siciliani. Ben Avert prende di mira la nave ammiraglia, sta per saltarvi sopra ma viene colpito da un dardo; con perfetto tempismo, mentre egli vacilla, Ruggero spicca un salto verso di lui per ferirlo, ma Ben Avert si scansa e salta sulla nave più vicina. Lo slancio è troppo debole, troppo pesante l'armatura, così ciò che avrebbe dovuto proteggerlo diviene causa della sua morte: la corazza porta il guerriero verso il basso, velocemente, giù in mare, con tutto il suo peso, sempre più giù, fino a farlo annegare. Un grido di vittoria si alza sull'armata normanna.

Noto cade nel 1091. Ibn Hamdîs ha già lasciato la Sicilia e la sua casa. Ma sembra che non sia mai andato via.

# I

## Invidia

Mi stima molto,  
e questo giova ai miei disegni contro di lui.

William Shakespeare, *Otello*

È lo sguardo obliquo sulle cose del mondo, è l'uso perverso dell'occhio quando osserva malevolo, nell'ombra. È l'uso perverso del cuore quando ordisce tradimenti per oscurare chi risplende.

Siracusa, città piena d'occhi e di luce, non poteva esserne priva. Anzi, è come se la sua anima chiara che esplode nei giorni di ogni stagione, nel calore e nell'ospitalità della sua gente, nella devozione quasi ostinata alla sua santa – Lucia, cieca[1] e insieme portatrice di luce – coesistesse con un lato buio e sotterraneo, quasi impercettibile.

Ma quest'anima oscura sa emergere improvvisa, simile ai bagliori dei giorni di pioggia, quando la pietra che prima biancheggiava al sole si fa d'improvviso livida, giallastra; prende corpo in un sentimento di inspiegabile diffidenza che si insinua nel cuore dei suoi abitanti, portandoli a disprezzare e rifiutare ciò che poco tempo prima avevano lodato ed esaltato.

Bisogna rimanere ben saldi all'albero della propria nave per potere ascoltare questo canto ambiguo e mutevole, e lasciarlo scorrere via.

---

[1] Come protettrice della vista, Lucia è invocata contro tutte le malattie degli occhi, compresa la cecità. Secondo una leggenda popolare il prefetto Pascasio si sarebbe invaghito di Lucia per lo splendore degli occhi; così, per spegnere la passione del prefetto, la fanciulla se li sarebbe strappati e li avrebbe inviati al "pretendente" su un piatto di argento.

Così, la storia della grande città greca "signora del Mediterraneo" alterna lo splendore delle gesta e dei personaggi che ne determinarono l'ascesa a vicende straordinariamente crudeli, storie di meschinità e livore, di tradimenti e invidia.

È il 212 a.C. quando Siracusa cade in mano ai Romani soprattutto grazie al tradimento di un gruppo di nobili che intravedono nel cambiamento la possibilità di una libertà e di un potere maggiori. Mentre Archimede difende allo stremo la sua città inventando macchine da guerra micidiali (vedi voce *Epilogo*), un gruppo di fuoriusciti suggerisce al nemico il luogo e la circostanza migliore per entrare a Siracusa (sono sempre i festeggiamenti, il momento in cui si abbassa la guardia...) e altri, dall'interno, aprono agli invasori le porte della *Neapolis* e di Ortigia: Soside, il traditore, è premiato con 500 iugeri di terra e la cittadinanza romana; Archimede, il genio, è ucciso da un soldato[2].

Eppure, non tutti i tradimenti hanno un sapore così amaro.

Nel 663 d.C. Costante II[3], l'imperatore bizantino, sceglie la Sicilia come propria residenza e fa di Siracusa la sede della corte imperiale, baluardo contro il pericolo dei Longobardi e degli Arabi. Ma il suo regno e la gloria della nuova capitale hanno durata breve, e l'imperatore, noto per la sua crudeltà (si macchiò persino di fratricidio) e per le vessazioni inflitte al popolo, muore in modo coerente alla sua vita, in una congiura ordita dagli stessi ufficiali di palazzo: lo uccide una violenta secchiata in testa, mentre si sta rilassando nel Bagno di Dafne. È il 15 luglio 668.

Tra tutte le storie di tradimenti e di invidia legate a questa città misteriosa, la più enigmatica – per certi versi paradossale – è forse quella del generale Maniace[4].

---

[2] Cfr.: Tito Livio, *Storia di Roma dalla sua fondazione*, XXIV; Cettina Voza, *Archimede, Siracusa e il suo genio*, 2002, in particolare pp. 31-32.

[3] Serafino Privitera, *Storia di Siracusa*, 1986, vol. I, libro II, cap. IV.

[4] *Ibidem*.

Corre l'anno 1038, la Sicilia è sotto il dominio arabo, quando l'imperatore Michele Paflagone chiede a Maniace di intervenire, di restituire l'isola all'impero e ai cristiani. Il generale accetta la sfida, raduna un grosso esercito di Greci, Longobardi e Normanni promettendo loro ricompense e onori, stringe d'assedio Siracusa e la riporta sotto l'egemonia imperiale dopo un sanguinoso scontro armato.

Maniace ripristina l'ordine e il culto cristiano, edifica una fortezza sulla punta dell'ingresso del porto maggiore nello stesso sito in cui, circa due secoli dopo, sarebbe stato costruito il castello che da lui avrebbe preso il nome. Ovunque vada, il generale accumula vittorie, sconfigge i Saraceni, annienta i nemici, fino a sottomettere all'impero quasi tutta la Sicilia e per questo, finalmente, viene chiamato dall'imperatore a Costantinopoli.

Chissà quali ricompense e riconoscimenti immagina Maniace per le sue gesta, e a sua volta coglie l'occasione per portare al sovrano un regalo il cui valore supera di gran lunga quello delle "umane cose": il corpo di Santa Lucia chiuso in un simulacro d'argento (vedi voce *Lucia*). Il generale s'inganna ma se ne rende conto tardi, quando, al suo arrivo, anziché un premio trova le catene che lo intrappoleranno e il carcere in cui sarà rinchiuso fino alla morte di Michele Paflagone: il suo valore lo aveva reso troppo potente in Sicilia, e l'imperatore temeva per questo che volesse costituire un regno.

Lasciamo a questo punto la storia di Maniace, che tuttavia non finisce qui[5], e seguiamo le tracce segnate dal suo nome che,

---

[5] Nel 1041 Maniace è liberato dall'imperatrice Zoe e inviato di nuovo nel Sud Italia, dove combatte contro i Normanni che nel frattempo avevano invaso la Puglia. Nuove battaglie, altri successi. Poi, come se seguisse le tracce di un oscuro, invincibile destino, il copione si ripete: la storia è la stessa, diverso il finale. Per la seconda volta il generale è chiamato a Costantinopoli, ma ora è tutto chiaro, senza equivoci, senza illusioni: in un rapido susseguirsi di eventi e di azioni, abbandona l'Italia, solleva Albania e Bulgaria, si fa proclamare imperatore, raduna un esercito

*Ortigia, Lungomare di levante e Castello Maniace.*
Foto di Mario Dondero

anche a distanza di secoli, è rimasto fatalmente legato all'anima del luogo, nonostante sia svanita ogni traccia del castello che vi aveva costruito il condottiero e sebbene il bastione che domina il porto sia di età posteriore, federiciana.

Anche la via che dalla Fonte Aretusa conduce all'ingresso del castello prende da lui il nome e l'intera zona era nota come *Tremmaniaci*, storpiatura popolare di "re Maniace". A questo personaggio quasi leggendario appartennero i due magnifici arieti bronzei che aveva portato con sé da Costantinopoli e che successivamente avrebbero adornato il portale d'ingresso del castello svevo, poggiati su due grandi mensole ormai vuote.

Il *Castello Maniace* fu costruito per volontà di Federico II tra il 1232 e il 1240. Già a partire dagli anni Venti del Duecen-

per fronteggiare quello imperiale. Maniace muore in campo di battaglia. Poco dopo, la Sicilia ricade in mano araba.

to, la presenza dell'imperatore in città è attestata diverse volte: è proprio da Siracusa che, il 5 giugno 1224, Federico annunzia la fondazione dell'Università di Napoli, «fonte di scienza e semenzaio di dottrine», e lo ritroviamo qui dopo la rivolta guelfa del 1232, nel viaggio condotto in Sicilia per conoscere le condizioni dell'isola e controllare il funzionamento del sistema statale da lui creato[6]. Tuttavia, dopo l'allestimento del monumento, Federico non tornerà più: grande assente, continuerà a dominare da lontano e dall'alto, come quei falconi con cui era solito andare a caccia. D'altra parte, il carisma dell'imperatore è talmente forte da superare lo spazio e il tempo; lo confermano le rose rosse, più simili a un dono d'amore che a un ossequioso tributo, che ancora oggi i "devoti" lasciano sul suo sepolcro, nel Duomo di Palermo.

Il Castello Maniace è un enigma. Sembra che fosse votato più ad attività di rappresentanza e d'incontro che a funzione militare: non vi sono, infatti, né cucine, né scuderie o alloggi per le truppe, né segni che raccontino una qualsiasi forma di "quotidianità" vissuta al suo interno. Esternamente la costruzione appare come una via di mezzo tra un castello e un'abbazia cistercense, l'interno ricorda le navate di una cattedrale o le astrazioni geometriche di una moschea.

Costruito con tre differenti tipi di pietra – calcarea, arenaria, lavica – sembra condensare in sé tutta la forza della Sicilia: la pietra solida e bianca che i Greci avevano trasformato in templi, monumenti, teatri; quella gialla e sabbiosa che contiene ancora i suoni del mare; quella nera estratta dalle viscere della terra, intensa e potente come l'Etna. Il rivestimento è tutto in pietra calcarea squadrata e disposta in strati orizzontali le cui tecniche di impianto si ricollegano alla tradizione greca: l'arte degli antichi maestri intagliatori è arrivata sin qui.

---

[6] In realtà, Siracusa aveva partecipato nel 1232 alla ribellione guelfa contro Federico. Le contromisure dell'imperatore la fecero poi retrocedere da questo proposito e mutare atteggiamento a tal punto da meritare, appena due anni dopo, l'epiteto di *urbs fedelissima*.

La pianta del castello è quadrata, con i suoi cinquantuno metri per lato, e conferma la vocazione dell'architettura federiciana a proporre figure geometriche, pure e perfettamente controllabili, sia dall'interno sia dall'esterno: il quadrato, il rettangolo, l'ottagono, il cilindro delle torri.

Tuttavia, nel corso del XVI secolo, sotto Carlo V, il castello "cambia forma" divenendo parte integrante del sistema di fortificazioni militari che renderà Ortigia una vera e propria città d'arme: attorno all'edificio svevo si alzeranno poderosi bastioni difensivi, il Maniace diventerà mastio, cuore del sistema di difesa dell'imbocco del Porto Grande. A esso si aggiungerà successivamente la casamatta borbonica a punta di diamante, potente difesa in cui collocare i cannoni puntati sul mare verso obiettivi diversi e studiati: oggi è proprio questa costruzione ottocentesca a chiudere l'abbraccio del porto con il suo disegno inconfondibile e a dare alla "fortezza" una suggestiva forma di nave.

Torniamo indietro, verso il nucleo originario, dove attraverso un portone ogivale rivestito di marmi policromi si accede a un ambiente disposto attorno a un cortile centrale. L'interno rappresenta un'unica sala[7], detta ipostila, che mantiene la stessa atmosfera di un luogo sacro; la sua copertura è sostenuta da sedici colonne libere e venticinque volte a crociera, simili ad alberi e a vele di pietra. Questa vocazione a unire l'anima artistica e quella militare, a coniugare possanza e levità emerge chiaramente nella raffinatezza delle decorazioni, nei serpenti che si attorcigliano sui capitelli, negli animali, nei fiori, in quei grappoli d'uva che sembra vogliano essere colti. Se ne intravedono tracce anche sul portale, nelle zampe unghiate e in una coda che, passando sotto il ventre, si piega come una sferza, nelle membrature di un'ala, frammenti di disegni misteriosi che insieme sembrano compor-

---

[7] Si ipotizza anche l'esistenza di un piano superiore. Il piano terreno, privo di muri divisori, avrebbe infatti reso inabitabile il castello. È possibile che sia stato distrutto dal terremoto del 1693 o dallo scoppio, nel Settecento, di materiale esplosivo.

re un ippogrifo o un leone alato. Splendidi i capitelli a calice che si ripiegano a uncino.

Il portale è costruito con quindici tipi diversi di marmo. Ai suoi lati si aprono due monofore a tutto sesto mentre una sequenza di feritoie conferisce al castello una certa aria minacciosa; i lati nord-ovest e sud-est avevano invece una teoria di cinque finestre corrispondenti al numero di crociere interne: l'esigenza di proteggersi fa da controcanto alla bellezza e stupisce percepire come da queste dissonanze possa crearsi un'armonia superiore.

Nel lato sud-ovest richiamano l'attenzione gli avanzi marmorei di una grande finestra a sesto leggermente acuto: un'apertura sul porto disegnata con estrema delicatezza, un invito al sogno perfettamente coerente allo spirito di questo castello, che castello non è...

Mille storie e mille vite lo hanno attraversato, sarebbe impossibile raccontarle tutte. Nel 1288 ospita il re Pietro d'Aragona con la regina Costanza, i figli e un numeroso seguito di nobili siciliani e catalani; nel Quattrocento ne è attestato l'uso a prigione e nello stesso periodo è teatro di fatti di sangue, concepiti all'ombra del tradimento.

È il 1448, il popolo è oppresso dalla carestia e dalle risse. Siracusa è sede della Camera Reginale, ma il dominio della sovrana è divenuto sempre più esoso: si esigono contributi che, pur chiamandosi donativi o offerte, sono in realtà imposte che mettono in ginocchio la città. Anche i patrizi, ritenendo che con lo scioglimento della Camera avrebbero goduto di un potere maggiore, fomentano il popolo al tumulto e alla sollevazione.

È a questo punto che, da Messina, giunge a Siracusa Giovanni Ventimiglia[8], il Capitan Generale conte di Geraci. Non riuscendo a domare la rivolta, l'astutissimo aristocratico com-

[8] Cfr. Serafino Privitera, *Storia di Siracusa*, 1986, vol. II, libro III, cap. VI.

*Portale dell'antica Camera Reginale, particolare raffigurante San Michele.*
Foto di Mario Dondero

prende che sarebbe stato molto più facile risolvere tutto con inviti a cena e, diremmo oggi, dedicandosi alle "pubbliche relazioni". Inizia così a blandire i membri delle famiglie patrizie che sa coinvolti nella rivolta, adularli e festeggiarli, ricordando vecchie amicizie e dilettandosi a rievocare veri o presunti legami di parentela. Solo quando è sicuro di non suscitare più sospetti, li invita tutti a cena al Castello Maniace. Ma qui, anziché godere di tavole apparecchiate con squisite vivande e paggi al loro servizio, i malcapitati trovano ceppi, taglienti scure, sicari spietati. Su di loro cala il sipario.

Gli invitati furono trucidati e decapitati, il tempo sembrò fermarsi, il popolo ammutolì, gli animi si pietrificarono per il terrore, la sedizione cessò. Il re Alfonso e la regina Maria si congratularono, e in premio il Ventimiglia ebbe i due arieti in bronzo che adornavano l'ingresso del Castello da quattro secoli, proprio quelli che, ancora prima, il generale Maniace aveva portato con sé da Costantinopoli[9].

Giriamo ancora la clessidra, fino al 5 novembre 1704.

Dopo una notte di tempesta, all'alba un fulmine si abbatte sul castello che custodisce barili di polvere da sparo[10]: come lapilli si scagliano in aria pietre infuocate, si rompono i vetri delle chiese, tremano le case del quartiere *Tremmaniaci*. Trentatré soldati del presidio rimangono sotto le rovine, tre blocchi di crociere si schiantano, muoiono sepolti i carcerati. Il vecchio gigante svevo sarà poi parzialmente ricostruito e le guerre napoleoniche gli restituiranno l'efficienza, ma il colosso rimarrà sempre ferito da questo evento così grave.

---

9 La vita e i percorsi dei due arieti sono talmente avventurosi che sembra quasi essi abbiano vissuto di vita propria. Giovanni Ventimiglia li portò nella sua villa a Castelbuono, poi servirono a ornargli il sepolcro, infine arrivarono al Palazzo Reale a Palermo. Uno di loro fu distrutto da una cannonata, l'altro è ancora conservato al Museo Archeologico di Palermo.

10 Più di 300 quintali di polvere da sparo, circa 800 barili.

Oggi, anche queste cicatrici fanno parte della sua memoria così complessa e stratificata, quasi una storia dentro l'altra, come nelle *Mille e una notte*. Il luogo stesso è pieno di magie e di atmosfere suggestive, come quella che ci regala, andando nel piano sottostante alla sala ipostila, il vano quadrato noto come il *Bagno della regina*, una vasca di acqua sorgiva che ci porta per un istante in una dimensione da sogno.

Torniamo su, verso le torri, saliamo attraverso quella conservata meglio, a ovest, rimasta illesa dall'esplosione; una scala a chiocciola si apre come un ventaglio di lastre calcaree, attorno a un'anima centrale. Lampi di mare entrano dalle sette finestre a feritoia, in un'aura densa di fragranze e di suoni; fasci di luce rapidi, intensi, visioni intermittenti che appaiono e svaniscono agli occhi di chi percorre verso l'alto il cilindro di pietra che conduce al terrazzo. D'un tratto questa intuizione del mare che si mostra solo attraverso brevi squarci, tagli profondi, per poi richiudersi subito dentro il vortice di gradini che si attorcigliano, diventa finalmente certezza, esplosione di libertà, sensazione di volo.

Siamo sulla terrazza, con gli occhi pieni dei monti Iblei, del mare che si apre ai limiti del porto e verso l'orizzonte, con le foci dell'Anapo e del Ciane che vi si immergono e, lontana, la punta del Plemmirio: ecco Siracusa, dentro un mescolarsi di acqua e di cielo, vista da questa nave di terra che è il Castello Maniace, in cui ogni poeta troverebbe la sua casa.

Adesso è bello fermarsi, respirare.

Da qui le miserie umane non sono che un ricordo lontano.

# L

# Lucia

> Si levò l'Aurora dal peplo dorato
> per portare la luce agli dèi e agli uomini.
>
> Omero, *Iliade*

Tra tutti i misteri di Siracusa, la luce è forse quello più insondabile. Vi è chi, grazie a essa, è riuscito a curarsi dalla malinconia o dalle derive dei cattivi pensieri, come i molti "ospiti" che in Ortigia hanno trovato la loro seconda casa. Non è semplicemente una pioggia d'oro che dal sole si riversa sulle teste degli uomini e illumina il mare, o che riempie le campagne tra scrosci di cicale invisibili. Piuttosto, sembra un bagliore che si sprigiona dalla terra e dalla pietra, che avvolge ogni cosa e ogni creatura mentre si libra verso il cielo. Come se la luce potesse essere viscerale.

Nei mezzogiorni assolati, i due bracci del porto si avvicinano, con un effetto ottico che consuma magicamente le distanze: tutto sembra possibile, falsamente raggiungibile. La luce sa illudere, ammalia come una fata Morgana, colpisce gli occhi fino a chiuderli quando rimbalza sulle pareti delle latomie e sulle pietre del teatro, che si apre come un enorme fiore bianco.

È sottile e sinuosa quando svicola tra i palazzi di Ortigia per poi fermarsi, come un riflettore, sulle maschere barocche che guardano i passanti; sa concedere all'ombra la sua parte dovuta, tra le colonne che si attorcigliano su se stesse, in quel gioco di armoniche alternanze che è il chiaroscuro. Allora, anche un balcone in ferro battuto, formoso come una gonna al vento, o la gelosia[1] panciuta di un monastero di clausura, con le sue grate fitte nate per nascondere, la celebra, la sottolinea: una pennellata di inchiostro nero su un foglio di carta di riso.

Non poteva che essere Lucia, la lucente, la Santa Patrona di Siracusa. Ed è significativo che il suo culto abbia luogo nei giorni più bui dell'anno, a dicembre, come se l'oscurità stessa potesse contenere un desiderio originario, quasi una nostalgia della luce, e l'una confermasse l'altra in un movimento senza fine che è il ritmo stesso della vita.

È il 13 dicembre e il popolo di devoti inizia a addensarsi attorno a Piazza Duomo, per celebrare la Patrona e vederne ancora una volta il simulacro d'argento risplendere tra le vie della città. In principio è un brusio composto, un fruscio di passi che attraversano le strade di Ortigia, su, fino alla Cattedrale: donne a braccetto, coppie di ogni età, silenziosi devoti con il lungo cero avvolto in una confezione di carta bianca, chiusa con cura da un fiocco verde.

L'attesa si consuma in un crescendo di emozione e di intensità fino a raggiungere un momento di sospensione. Il tempo si ferma. Poi, finalmente, un'esplosione di luce e di gioia dà inizio alla festa, tra un levarsi di voci, urla acerbe di bambini, applausi: ecco, Santa Lucia è fuori dal Duomo.

«Sarausaani!» si leva potente una voce. «Viva Santa Lucia!» rispondono tutti, come se salutassero non solo la Santa Patrona, ma anche una madre, un'amica, una sorella. Da una piazza che ora si illumina di colori e di botti, di volti pieni d'occhi, di campane che suonano libere e felici, si avvia la processione che condurrà il simulacro dalla Cattedrale alla Basilica di Santa Lucia al Sepolcro, da Ortigia alla Borgata. Alcuni sono scalzi, ma senza austerità; piuttosto, una gioiosa semplicità, un delicato lirismo, unisce i Siracusani alla loro Patrona.

---

[1] La gelosia è il serramento in ferro battuto o in legno di una finestra o feritoia che ha lo scopo di impedire la vista dell'interno di un ambiente, pur permettendo a chi vi si trova di guardare verso l'esterno.

Tra la folla, pennellate di verde ci indicano i servitori di Lucia, nei berretti dei quarantotto "portatori", nei foulard delle "ancelle" che ne conducono in processione le reliquie: uniti nel pensiero, nel sentire, nel respiro, perché non può esservi devozione senza quella armonia che sa renderli parte di uno stesso corpo.

Così i Siracusani, nello stesso giorno del martirio, celebrano la ragazza indomita che morì assassinata nel 304 d.C. Lucia aveva rinunciato per il suo credo agli agi di una vita privilegiata e al matrimonio con un giovane patrizio: aiutare i poveri e i bisognosi, cui distribuì tutte le sue ricchezze, professare la fede in quella religione che Diocleziano proibiva, furono la sua ragione di vita. Lo aveva sempre saputo, ma dopo che Sant'Agata, cui si era rivolta per la guarigione della madre Eutichia, le era apparsa in sogno, tutto era divenuto chiaro, necessario, impossibile da nascondere.

L'arresto da parte del governatore Pascasio, l'interrogatorio, le torture, anziché intimorirla, non fecero che rafforzare la sua determinazione, il senso stesso della sua scelta. Lucia morì decapitata[2] preannunciando la fine delle persecuzioni: nove anni dopo il martirio, l'editto di Costantino avrebbe concesso ai cristiani la libertà di culto.

Siracusa celebra Lucia anche in primavera, quando, da latente, la luce si fa manifesta, muovendosi verso la sua massima espansione. I fili del tempo e delle stagioni si intrecciano misteriosamente e ci portano, dalla data della morte e della "rinascita" della giovane donna siracusana, al miracolo primaverile di "Santa Lucia delle quaglie", all'epoca in cui, nel 1646, nei lunghi giorni di carestia e miseria, la Patrona fu invocata per aiutare i suoi devoti e un volo di quaglie annunciò l'arrivo di navi cariche di grano e di legumi. Ancora oggi, la prima domenica di maggio

---

[2] L'iconografia popolare ci presenta spesso Santa Lucia con la palma del martirio nella mano destra e il piatto con i bulbi oculari nella mano sinistra.

*Il simulacro di Santa Lucia durante la processione.*
Foto di Maurizio Zivillica

il simulacro è portato fuori sotto un cielo abbagliante, mentre quaglie e colombe vengono liberate in volo a ricordare l'evento.

Tutto parla di eternità e di luce, anche a chi credente non è, e lascia intravedere, in filigrana, i segni di divinità antiche: Demetra, la dea greca del grano, così simile a Lucia nelle splendide statuette fittili conservate al Museo Paolo Orsi in cui è portatrice di una fiaccola per illuminare il buio; Artemide (vedi voce *Aretusa*), l'antica signora di Ortigia, "terra delle quaglie"[3], quegli uccelli a lei sacri nelle cui sembianze si erano uniti Zeus e sua madre Latona e la concepirono.

D'altra parte, non è che una pietanza greca la "cuccìa di Santa Lucia", un piatto povero, semplice, contadino, che si assapora nei giorni delle festività luciane: quasi una zuppa dolce di ricotta e grano, che nelle versioni più elaborate include scaglie

[3] Questo è il significato etimologico di Ortigia, dal greco *ortyx*, quaglia, e *ghe*, terra.

di cioccolato e frutta candita. Il grano e la quaglia, Demetra e Artemide si uniscono nel segno di Lucia; in un istante, l'antica Grecia "diventa" cristiana.

Tra i luoghi di Santa Lucia, uno dei più suggestivi è proprio la *piazza* che porta il suo nome, nel quartiere della Borgata: un luogo quasi metafisico, avvolto nel silenzio di palazzi malinconici e filari di alberi che ne ridisegnano il perimetro rettangolare. Qui le giornate scorrono lente, in un ritmo che quasi non conosciamo più, tra i passanti che la attraversano pensierosi e lenti, frotte di bambini che giocano a pallone, anziani sulle panchine, uomini dal volto antico che conversano come in una foto in bianco e nero. Di tanto in tanto, il passaggio di motorini in corsa ne spezza il silenzio – non la magia – con azzardate gare di velocità.

Di Lucia questa piazza racconta l'aspetto più umano e sofferente, la morte, il martirio; sa di distacco, di separazione, del dolore che precede la beatitudine.

Ma non si uccide la luce, si può solo tentare di soffocarla, di arginarla, come testimonia la colonna in granito liscio accanto al presbiterio della *Basilica*[4], ritenuta quella del martirio. Il pittore Mario Minniti dà una immagine intensa, indimenticabile, di quell'ultimo istante di vita ritraendolo in un quadro, il *Martirio di Santa Lucia*, ora conservato presso la Galleria Regionale di Palazzo Bellomo: al centro la fanciulla, con le mani incrociate sul petto e lo sguardo proteso verso l'alto; alla sua destra un uomo con il secchio che ne raccoglierà la testa dopo la decapitazione e l'assassino che sta per avventarsi sul suo collo, con un pugnale e il mantello rosso sangue sospeso in aria come una minaccia.

Ancora più intenso il *Seppellimento di Santa Lucia*, il quadro che Caravaggio dipinse per l'altare maggiore della chiesa. Il cor-

---

[4] La chiesa, di impianto normanno, ha subito vari rifacimenti, nel Quattrocento e nel Seicento.

po ormai esanime è qui disteso a terra, in una luce caliginosa, catacombale, tra personaggi di ogni tipo e di ogni statura morale: seppellitori nerboruti, passanti curiosi, testimoni angosciati, donne sofferenti simili a supplici greche, alti prelati (il vescovo benedicente), devoti e, seminascosto, ancora una volta l'autoritratto del pittore. Nel *Seppellimento* Caravaggio pone al centro della scena un giovane diacono che contempla Lucia rapito, con attenzione e compostezza. La luce è su di lui e sul suo volto; ma la luce è anche dentro di lui, come se si fosse spostata emanandosi dalla Santa perché egli possa accoglierla: è forse in questo scambio segreto, in questa continuità, che risiede il mistero della devozione.

Il luogo di sepoltura della Patrona è localizzato qui, in questa piazza; sul suo sepolcro alla metà del Seicento fu eretta una chiesa progettata da Giovanni Vermexio, un tempietto ottagonale seminterrato su cui spicca una ricca decorazione a mascheroni e conchiglie.

Ma proprio la monumentalità è il contraltare paradossale di un'assenza, la complessità architettonica che si erge su un sepolcro vuoto: il corpo di Lucia fu infatti portato a Costantinopoli nel 1038 dal generale Maniace, che lo donò all'imperatore e alla sua consorte (vedi voce *Invidia*); successivamente trafugato dai Veneziani, si trova ancora nella città lagunare, nella chiesa di San Geremia. Forse è proprio per questo che in processione i devoti urlano «Sarausaana è!» ("È Siracusana"), rivendicando con forza il legame indissolubile che unisce Lucia e Siracusa: dalla privazione nasce un senso di appartenenza ancora più forte, ma anche un'ansia di ricongiungimento, il desiderio di un "ritorno a casa".

È il 20 dicembre, l'ottava, il giorno conclusivo delle celebrazioni invernali. Dalla Borgata il simulacro, che è rimasto per una settimana nella Basilica, è riportato nella Cattedrale, in Ortigia. È emozionante seguirne la processione, camminare tra i devoti, guardare la statua d'argento, bellissima, con i segni del martirio (il coltello al collo) ormai trasfigurati nella luce della beatitudine. Ma esiste anche un altro modo di partecipare, "ascoltandola" dalle vicine vie, udendo le invocazioni dei fedeli, osservandone i riverberi negli sguardi delle persone, guardando Lucia attraverso uno specchio di suoni. I suoni del corpo, densi di voci e di gesti; i suoni del cuore che parlano di coraggio e orgoglio, di fede e bellezza.

È tarda sera, Piazza Duomo è di nuovo gremita, negli ultimi rintocchi della festa che si chiude laddove era iniziata. I devoti sono dentro la chiesa, mentre il campanellaio dal berretto verde scandisce gli ultimi movimenti della processione, come un direttore d'orchestra nella tensione del gran finale.

I cuori sono pieni di luce e di emozioni, stanchi i corpi per il lungo cammino. È ora di ricondurre Lucia nella sua cappella, dove cinque chiavi di disegno diverso gireranno dentro le rispettive serrature per assicurare la chiusura del prezioso simulacro tanto amato dai Siracusani. È il momento di rivolgere l'ultimo sguardo, prima che le pesanti porte di bronzo si chiudano; si percepisce una commozione profonda tra la gente, frammista alla tenerezza e alla nostalgia.

Una voce, ancora una volta, si leva limpida e piena di orgoglio: «Sarausaani...» si sente anche da fuori. È un'eco che si moltiplica, entra nelle case, nelle strade, tra le persone. «Viva Santa Lucia» rispondono tutti, all'unisono, anche nel silenzio dei propri pensieri. Fuochi d'artificio riempiono il cielo, poi si placano.

È tardi. Si chiudono le finestre dei palazzi, si spengono le luci, come per godersi a occhi chiusi le emozioni della giornata. E riviverle mille volte nella mente, fino a che tutto non sarà che un bagliore lontano.

# M

## Morti

> … biancheggiavano le "ossa di morto" sulle loro basi scure fatte di una pasta gustosa e un po' morbida (…) Faceva un certo effetto mangiare quei dolci proprio in quella ricorrenza quasi che si volesse festeggiare la celebrazione dei defunti divorandone simbolicamente i resti. Ma i bambini non ci facevano caso affezionati ai buoni morti che celavano sotto i lenzuoli piccoli schioppi di latta, tricicli e bambole.
>
> Ercole Patti, *Un bellissimo novembre*

Si chiamava Persefone la ragazza, o più semplicemente Kore[1], ed era figlia di Demetra, la dea delle messi che imbiondiscono i campi e donano il cibo ai mortali.

Quel giorno stava cogliendo fiori mentre camminava sull'erba rigogliosa di rose e iris, giacinti e crochi; un narciso sparse un dolce profumo nell'aria e lei tese le mani per prenderlo, ma non fece in tempo… La terra si aprì in una voragine spaventosa e ne balzò fuori Ade, il re degli inferi, con i suoi cavalli neri e immortali. Il dio afferrò Kore e la condusse sul carro fino a Siracusa, per poi sparire negli abissi attraverso l'oscura porta dell'erebo che si apriva dove ora scaturisce la *Fonte Ciane.* La ragazza urlò con tutta se stessa, urlò sino a fare riecheggiare le cime dei monti e gli abissi al suono della sua voce, urlò finché Demetra non la sentì e volò come un uccello sulle terre e sulle acque per cercarla.

"Dove sei, figlia mia!", diceva la madre errante, "Ridatemi

---

1 *Kore* significa letteralmente "ragazza". Il suo nome greco è anche Persefone, nel mondo romano è nota come Proserpina.

*Bozzetto realizzato da Duilio Cambellotti per la rappresentazione delle* Coefore *di Eschilo al Teatro Greco di Siracusa nel 1921.*
Foto di Daniele Aliffi, Archivio Fondazione INDA

la mia bambina!" gridava disperata, e mentre piangeva i campi avvizzivano, diventavano sterili e neri come la notte. A nulla servirono le parole suadenti di Iris, la dea nunzia dalle ali d'oro, né i regali e le lusinghe con cui gli altri dèi la blandirono per evitare la carestia: Zeus fu costretto a intervenire convincendo Ade a lasciare libera Kore, per permetterle di tornare sulla superficie della terra e riabbracciare la madre.

La ragazza ripercorre a ritroso il viaggio che dal regno dei vivi l'aveva condotta a quello dei morti. Torna su, da Demetra, che sobbalza nel rivederla e l'abbraccia con indicibile calore... Ma poi è assalita da un dubbio: "Non hai mangiato nulla laggiù?" chiede alla figlia, temendo che si sia così vincolata, per un oscuro sortilegio, al mondo sotterraneo. La fanciulla si ricorda allora dei chicchi di melagrana che il suo sposo, con un sorriso ambiguo, in un falso commiato le ha fatto ingerire prima di lasciarla andare via, e capisce che per sempre sarà doppia, destinata a vivere con i vivi e con i morti[2]. Ancora oggi, quando le due

---

[2] Questo è l'"accordo": Persefone trascorrerà una parte dell'anno con i

dee si rincontrano, sotto i loro passi i campi germinano di fiori e di vita, diventano verdi per poi imbiondirsi di grano e colmarsi di frutti: nel loro abbraccio nasce la primavera.

La bellezza di Demetra e Kore – declinata in centinaia di statuette votive di terracotta conservate al Museo Paolo Orsi[3] – ci parla di un mondo magico e distante, racconta le stagioni e il loro avvicendarsi, descrive con saggezza e insieme brutalità i misteri della nascita e della morte. Ogni volta che Persefone torna nell'Ade, i colori del mondo si fanno lividi, si inasprisce la terra, matura il melograno e si spalanca la porta dell'Erebo. Arriva il mese dei morti.

Esiste davvero un ingresso agli inferi? Spesso accade di passeggiare per le vie della città osservando solo ciò che è evidente. Ma vi sono stati di grazia in cui improvvisamente si dischiude una verità, una seconda possibilità, come se il mondo fosse un contenitore a doppio fondo capace di raccontare, dietro ciò che è visibile, un universo sotterraneo e misterioso. Percorrendo Via Landolina, in direzione di Piazza Duomo, e fiancheggiando *Palazzo Francica Nava*, uno sguardo curioso noterà, proprio accanto al bel portale a ogiva da cui si accede al palazzo, le tracce di un accesso secondario, murato, quasi una cicatrice sulla pietra, che stranamente non arriva al livello stradale. È la "porta del morto", che in epoca trecentesca veniva usata per portare fuori, piedi in avanti, i corpi dei defunti: veniva aperta tutte le volte per l'"occasione" e immediatamente richiusa, murata, sigillata, come se la Morte dovesse entrare e uscire attraverso una via tutta sua, scongiurando così il pericolo che si presentasse all'uscio e si mescolasse pericolosamente al mondo dei vivi.

C'è una drammaturgia del morire, in Sicilia. Anche se nell'abbigliamento si sta perdendo quella perennità del lutto che

---

vivi e con la madre, un'altra con lo sposo Ade nel suo regno sotterraneo.

[3] Sono state ritrovate in una stipe votiva nell'attuale Piazza della Vittoria insieme alle tracce di un tempio del VI-V secolo a.C. dedicato al culto delle due dee.

*Negozio di oggetti, giocattoli e sogni.*
Foto di Mario Dondero

veste di nero le vedove per il resto della loro vita e sbiadiscono le marce funebri, quei lunghi cortei dietro al feretro fino al cimitero in cui venivano reclutate frotte di orfanelli per rendere più intenso l'effetto drammatico. In compenso, ancora giganteggiano gli avvisi di morte sui muri della città, annunciando i decessi del giorno, gli anniversari, i voti, i suffragi. Sembra di sentirne le voci, come un coro tragico che piange raccontando le gesta di un eroe e insieme la precarietà dell'esistenza.

Dagli annunci le foto dei defunti "parlano" con i vivi, carpiscono l'attenzione dei passanti come magneti; anche la grafica si impone all'attenzione, con le sue cornici nere e lettere maiuscole che scandiscono l'ininterrotto dialogo tra i morti e i viventi.

Uno scambio che fino a poco tempo fa era fatto anche di doni, come accadeva la notte tra l'uno e il due novembre, quando le case si riempivano dei regali che i parenti defunti portavano ai bambini.

La gioia della festa si univa dunque a una consapevolezza

più profonda, all'idea della continuità in cui passato presente e futuro si incontrano. La fantasia di una processione amorosa, nel cuore della notte, di antenati dalle borse ricolme di doni, di persone care capaci ancora di leggere nel cuore dei bambini, doveva rendere misteriosamente tenera e poetica, piuttosto che tragica o terrorizzante, la loro assenza. Da questa dolcezza frammista a una certa ironia e alla memoria di riti ancestrali nascono le "ossa dei morti", dolci a base di farina, zucchero, cannella, acqua, chiodi di garofano: all'aspetto presentano la sommità, fatta di farina, bianca come un osso, mentre la parte sottostante, fatta di zucchero caramellato, è marrone scuro. Per mangiarli bisogna avere denti portentosi...

C'è un legame importante tra la morte e il cibo a Siracusa, come in generale in Sicilia. Esiste ancora, ma si sta perdendo, l'uso del *cunsolu*, il dono del cibo ai parenti del defunto per consolarli e nutrirli nel giorno di lutto. E attorno a questo "banchetto funebre" si imbandisce una tavola che coinvolge tutti, un *rendez vous* funerario in cui si mescolano lacrime e risa, racconti e nostalgie, rievocazioni ora toccanti ora ironiche, in quella vicinanza un po' magica dei momenti estremi.

Fino a poco tempo fa era consuetudine, nel giorno dei morti, fare un vero picnic familiare al cimitero, attorno alle tombe dei propri cari, ed è, questa, un'usanza antichissima. Lo scopriamo entrando alle *Catacombe di San Giovanni*, quel magnifico cimitero sotterraneo del IV-V secolo d.C. ricavato da un acquedotto di età classica che è emozionante percorrere attraverso vie costellate da loculi, tombe scavate nella roccia come nicchie e sepolcri scavati nel suolo[4]. Quando si giunge al cospetto della *tomba del santo*[5], sulla lastra che ricopre la sepoltura si trovano i segni di

---

[4] Le tombe scavate nel vivo della roccia e sormontate da una nicchia arcuata prendono il nome di *arcosolii*; i sepolcri scavati nel suolo sono chiamati *forme*.

[5] Così chiamata perché è localizzata in una delle posizioni più insigni, e quindi doveva essere la tomba di una persona importante.

un rito antico, che precede l'avvento del cristianesimo: il *refrigerium*, letteralmente il rinfresco.

I vivi si consolavano recando sollievo e piacere ai loro cari e lo facevano versando latte vino e miele da buchi sulla pietra collegati ai defunti attraverso tubi di rame: al momento della scoperta, l'archeologo Paolo Orsi trovò integro il tubicino collegato alla bocca dell'uomo sepolto. Inoltre, tracce di vasellame testimoniano anche la consuetudine dei familiari di mangiare intorno alla tomba.

Camminiamo ancora, in un susseguirsi di immagini straordinarie (quanto colore sa esserci sottoterra!), giardini paradisiaci, animali fantastici: come il pavone, simbolo di immortalità nella tomba di Deodata, la vergine siracusana raffigurata mentre viene incoronata da Gesù, alla presenza di Pietro e Paolo. Sono piene di nomi di donna, queste catacombe: Euterpe, Adelphia, Marina detta *clarissima*, Fotina e Filomena, due delle sette suore sepolte nei sarcofagi ritrovati dentro una cisterna adibita a cappella.

Anime che attraversano il mare della vita, come raccontano le barche a forma di pesce[6] incise sulla tomba del vescovo Sirakosio, mentre due lettere dell'alfabeto greco pronunciate dall'Altissimo ammoniscono: «Sono l'alfa e l'omega, sono l'inizio e la fine di tutte le cose».

La vita è un mistero, ma a volte sa anche prendersi gioco di noi con una leggerezza che lascia ancora più sgomenti. Lo scrittore netino Corrado Sofia[7] racconta che quando Pirandello morì le ceneri del grande drammaturgo, amorevolmente raccolte dal figlio, furono raccolte dentro un vaso, a sua volta chiuso in una cassa, e affidate a un amico di famiglia che doveva condurle in

---

[6] Il pesce era simbolo della comunità cristiana. La parola greca *ichthys*, che letteralmente significa "pesce", è un acrostico formato con le iniziali della frase greca "Gesù Cristo Figlio di Dio Salvatore".

[7] Cfr. Corrado Sofia, "Le ceneri di Pirandello", in *Gente di Sicilia*, 1995, pp. 55-59.

treno da Roma alla Sicilia. Ma l'uomo, cullato dal dondolio del treno, si addormentò. Nello scompartimento vi erano altre persone che, desiderose di giocare a carte ma non volendo svegliare il proprietario, si presero la libertà di usare la cassetta, di cui sconoscevano il contenuto, come tavolo da gioco.

Così, sorprendentemente, nel viaggio a ritroso verso il grembo della sua terra, Luigi Pirandello seppe intrattenere gli inconsapevoli giocatori con ironia e levità.

La Sicilia è anche questo, più di quanto si immagini.

# N

# Noto

Noto: giardino di pietra.

Cesare Brandi, *Sicilia mia*

Nessuno sa meglio di te, saggio Kublai, che non si deve mai confondere la città col discorso che la descrive.

Italo Calvino, *Le città invisibili*

Ci fu, un tempo, una città a forma di cuore. Si chiamava Noto, ma non è quella segnata sulla carta geografica, raggiungibile da Siracusa con l'autostrada che porta a sud o scegliendo una via più amabile e lenta che, superata Avola, si snoda tra limoneti e alberi di mandorlo.

È l'altra Noto, l'antica, quella vissuta venti secoli prima sul monte Alveria e che in un solo giorno si estinse, crollando su se stessa. Una città circondata da flutti di pietra e da boschi, isolata da rupi, pendii, fossati scavati dalle acque del Salitello e dell'Asinaro.

Alcuni dicono che il leggendario condottiero Ducezio l'avesse fondata trasferendovi la città di *Neas* dalle vicine alture della Mendola, per renderla più sicura, inespugnabile, mentre sognava di riunire i Siculi ribelli all'invasore greco e cambiare la storia del suo popolo, della sua terra. Era il V secolo a.C. e il nome della città sarebbe poi cambiato, quasi declinandosi in superlativo: *Neas* divenne *Neaton*, la nuovissima. E questa sorte di morte e rinascita, questa capacità di rinnovarsi che è quasi una vocazione, le rimase impigliata addosso, per cui ancora oggi, cercandola, non troveremo mai una sola città ma tante creature, nate l'una dall'altra, per certi versi l'una dentro l'altra. Le molte Noto.

Nel 909 d.C. la città musulmana divenne Capovalle, ebbe giurisdizione su un terzo dell'isola, il Val di Noto, e ospitò moschee, palazzi, campi fiorenti; nel Medioevo accrebbe ricchezze e territori, ebbe chiese, castelli, diede i natali a umanisti e scienziati, ospitò artisti, al punto da meritare il titolo di *ingeniosa*.

Prima di scomparire, la città dell'Alveria ha lasciato la sua immagine ai posteri grazie a mani pazienti che, disegnandola, l'hanno tramandata a chi l'avrebbe riprodotta poi, seguendo il tracciato di quelle prime mappe. Così l'effige della vecchia Noto, come un'immagine riflessa passata di mano in mano (da Cantone a Tedeschi, a Sgroi e Gagliardi), ci svela non solo la pianta della città scomparsa ma anche una visione panoramica con una legenda dei suoi palazzi, delle sue chiese, delle sue porte.

Le due piazze, *Santa Venera* e *Piazza Maggiore*, erano situate al centro della città cuoriforme; gli edifici più importanti erano collegati dalla via principale che la attraversava, dal *Castello* alla *Piazza Maggiore*, dove si affacciavano la *Chiesa madre* e il *Palazzo del magistrato*. Nella veduta spiccano le due fortificazioni, le mura, le cupole dei palazzi, gli edifici che incorporano torri come piccole fortezze; talvolta si intravedono gli stili diversi dei prospetti, le ampie finestre rettangolari sulle facciate trecentesche e quattrocentesche, le aperture ovali su quelle cinquecentesche e secentesche.

Nel 1693 Noto contava cinquantasei chiese, diciannove conventi, oltre cento palazzi, due castelli: nessuno avrebbe immaginato che tra il 9 e l'11 gennaio la città sarebbe scomparsa precipitando nell'abisso.

Attraversiamo le macerie di questa Pompei medievale cercando di indovinare il disegno dai frammenti, come investigatori, come cantastorie desiderosi di dar voce alle vite disperse che qui abitarono, amarono, morirono. Per arrivarci bisogna oltrepassare l'altra Noto, che sonnecchia sul colle Meti, imbiondita dal

*Noto antica, resti dei muri di una prigione, scolpiti e incisi dai detenuti.*
Foto di Luana Iudica

sole del meriggio, e percorrere una strada che si snoda tra eremi e piccoli centri abitati immersi nel verde e nel silenzio: San Corrado di Fuori, Santa Chiara con quel ponte bianco sospeso sul verde, *Santa Maria della Scala*, il santuario che pare un trampolino di pietra sul cielo.

Finalmente la strada si chiude dinanzi alla *Porta della Montagna*, l'ingresso all'antica città. Ecco, subito, il *Castello* con la torre maestra, edificata nel 1431 in blocchi di pietra squadrati, perfettamente combacianti: vale la pena di salire sul punto più alto per affacciarsi sulla valle del Carosello, da cui nasce l'Asinaro, il fiume dal nome antico in cui nel 413 a.C. perirono trucidati i guerrieri ateniesi incalzati da Siracusa e Sparta[1]. In queste

[1] L'identificazione dei fiumi antichi nella cuspide sud-orientale della Sicilia è legata a un problema generale di non facile soluzione, in quanto il sistema idrografico ha subito notevoli cambiamenti e i nomi antichi, andati perduti, sono stati restituiti da congetture dotte che risalgono pre-

acque, come nel Porto Grande di Siracusa, naufragò il sogno di eternità della grande Atene.

Le prime notizie storiche del Castello risalgono alla fine dell'XI secolo, quando Ruggero d'Altavilla ordinò al figlio Giordano di costruire in cima alla città la rocca, il baluardo che in età aragonese fu dotato della torre difensiva.

È emozionante muoversi tra le macerie del bastione ben costruito, percepire i suoni di questo luogo che in età secentesca fu anche un carcere, stupirsi scorgendo, all'interno della torre o nei blocchi ora a cielo aperto di ciò che un tempo fu una cella, i graffiti dei carcerati, i segni della loro presenza: croci, angeli, galeoni di ogni dimensione, date, nomi, persino i segni del gioco del tris con cui trascorrevano le ore interminabili di un tempo indefinito. Nel silenzio queste pietre, nascoste nella vegetazione rigogliosa e incolta, raccontano storie semplici, preghiere e memorie fatte di segni spezzati.

Attraversiamo la città fantasma, abitata da pietre e alberi, vento e silenzi, percorrendone la via principale, oggi simile a una *trazzera*[2] deserta cinta dalle rovine, per imbatterci nei resti dell'*Ospedale di Santa Maria di Loreto*, del secentesco *Palazzo dei Landolina*, baroni di Belludia, o in quella che fu la *Chiesa del collegio dei Gesuiti*. Possiamo scegliere di proseguire a sinistra, sino alla *Chiesa del Carmine*, con le rovine delle sue colonne spesse e forti che al tramonto sembrano accendersi, tra le stoppie bruciate della campagna e un odore forte di greggi nei resti di

---

valentemente al Quattrocento. In relazione all'antico *Asinaro* (o *Assinaro*) sono state avanzate diverse ipotesi. Recenti studi, in particolare, identificano l'Asinaro con il Gioi-Laufi e l'Erineo con il Fiume di Noto. A questo proposito, e più in generale sull'ultima fase della campagna ateniese contro Siracusa, cfr. Sebastiano Amato, *Dall'Olympieion all'Assinaro*, vol. III, 2008. Sul quadro geologico e paleogeografico del territorio cfr. Roberto Mirisola e Luigi Polacco, *Contributi alla paleogeografia di Siracusa*, 1996.

[2] Strada di campagna destinata al passaggio di animali o creata naturalmente da esso.

un borgo agricolo; o andare avanti, fino all'eremo settecentesco abbandonato, con le porte murate, inaccessibili, per ammirare come in volo il disegno della costa fino a Capo Passero. Man mano che ci addentriamo, ogni pietra, ogni visione diventa paesaggio interiore, coscienza della caducità, dell'impermanenza di ogni cosa, e nel contempo si fa ansia di vivere, desiderio di rinascita.

*Piazza Maggiore*, il cuore cinquecentesco della città, sembra uno spazio di preghiera, luogo intimo e magico, un recinto sacro con l'edicola votiva raffigurante la Madonna col Bambino che custodisce la memoria del passato: «Qui fu l'antica Neeto fondata da Ducezio 428 anni avanti Cristo distrutta dai tremuoti nel 1693».

Come una ferita, sarebbe rimasto indelebile il ricordo della vecchia città e di quegli uomini in agonia, simili al Cristo spirante, con la bocca socchiusa e il corpo contratto sbilanciato sulla croce, che un contadino avrebbe trovato secoli dopo tra le rovine, una scultura preziosa e viva, d'un alabastro rosa che sembra fatto di carne e sangue.

L'iscrizione di Piazza Maggiore prosegue, perché la memoria lasci il passo alla visione del futuro: il tributo dovuto ai morti diventa così un'invocazione a proteggere i vivi, coloro che si sono salvati, perché la nuova Noto, sorta per la terza volta, possa avere un destino migliore.

E così rinacque, nel posto in cui la conosciamo oggi, più a valle, sull'altura del Meti, lontana dalle sue ceneri, in un luogo senza macerie e senza ricordi. Non fu facile, per quelli che erano rimasti, lasciare l'Alveria; avrebbe voluto, il popolo, ricostruire lì la città, sulle rovine che ancora sentiva pulsanti di vita, e lo votò persino in un referendum, che fu poi ignorato. Con sollecitudine il viceré aveva nominato vicario per la ricostruzione Giuseppe Lanza, duca di Camastra, che per la nascita della nuova Noto scelse il sito in cui, superate finalmente polemiche e resistenze, la città fu trasferita nel 1702.

La città prese forma con un impianto aperto, privo di mura e di porte, fatto di spazi regolari; eppure da subito si sdoppiò in due anime diverse: quella monumentale, in basso, la "casa" dell'aristocrazia e degli ordini religiosi, e la città della gente, in alto, raccolta attorno alla piazza e alla Chiesa del Crocifisso. In pochi anni sorsero gli edifici progettati dagli artisti chiamati per la ricostruzione, che nelle loro creature mescolarono idee, progetti, visioni, al punto da rendere spesso difficile, persino nei documenti d'archivio, l'attribuzione certa di chiese e palazzi.

Rosario Gagliardi, il Siracusano, l'anima della nuova Noto, con la sua capacità di unire le regole e gli ordini rinascimentali al senso barocco delle masse, in quelle chiese che nel prospetto diventano torri, convesse, voluminose[3]; Vincenzo Sinatra, l'allievo del Gagliardi, che inizia come scalpellino per poi crescere e dare forma a quel sogno di Francia che è Palazzo Ducezio; Francesco Paolo Labisi, l'aristocratico netino, disegnatore eccellente, compositore di decorazioni che rimangono impigliate agli occhi, l'artista illusionista di Via Nicolaci: sono loro i numi tutelari della Noto barocca.

L'attraversiamo seguendo il rettifilo del centro, che nella forma attuale è una creazione ottocentesca, quando, per ragioni funzionali, il livello stradale fu abbassato sensibilmente rispetto al precedente strato settecentesco. Allora le gradinate crebbero, gonfiandosi come onde, divennero i piedistalli delle chiese amplificandone la visione dal basso; in altri casi le porte divennero finestre, come l'ingresso principale di *Santa Chiara*, oggi sospeso sulle teste dei passanti.

Bisogna percorrerlo da est a ovest, il corso, per godere pienamente del suo ritmo naturale, varcando l'arco trionfale ottocentesco eretto per Ferdinando II, delicata effige d'una *grandeur* nostrana che racconta attraverso i simboli le virtù dei Netini verso il sovrano. Sulla sua sommità una torre, un pellicano e

[3] Alcune fonti attribuiscono a lui Palazzo Nicolaci, altre a Labisi.

*Noto, Monastero del Santissimo Salvatore (particolare), grata panciuta in ferro battuto (gelosia).* Foto di Mario Dondero

un levriero dichiarano forza, abnegazione e fedeltà. Entriamo lentamente, quasi distrattamente, tra case che paiono semplici e dimesse: Noto non si apre sui suoi monumenti più spettacolari; piuttosto, preferisce stupirci, coglierci quasi indifesi dalla sua bellezza.

Bastano però pochi metri perché si svelino le sue piazze in ascesa, le gradinate che impennano sulle facciate: *Santa Chiara*, *San Francesco all'Immacolata*, *Santissimo Salvatore* con la sua torre-piramide, il convento delle fanciulle aristocratiche cui sin dalla culla veniva cantato un destino di grate e clausura...

Figghia mia, figghiuzza bedda
la mamma t'avi a fari munachedda
e munachedda ri lu Salvaturi
unni ci vannu i nobili e i signuri[4].

[4] Canto ricordato da Maria Maiorca, "Storia di utopia", in *Noto città ideale*, 2010.

Ora non siamo più noi a segnare il passo, è l'architettura a regolare la nostra andatura, il battito, il respiro... Non possiamo che rallentare dinanzi alla visione maestosa del *Duomo* dorato, con i due campanili in cima a una scalinata che ricorda la cavea d'un teatro antico. Niente è lasciato al caso in questa piazza, che è anche scenografia del potere: ai fianchi della Cattedrale, in alto, il *Palazzo Arcivescovile* e *Palazzo Landolina*, e giù due esedre alberate, perfettamente simmetriche.

Ai piedi della gradinata *Palazzo Ducezio*, il Municipio, oggi soprelevato, che nel Settecento fu una delicata loggetta a un solo piano, quasi un piedistallo della cattedrale-scultura. L'edificio originario dovette evocare il sogno d'un viaggio in Europa, con l'ingresso semicircolare, gli angoli rientranti, la sala del ricevimento ovale che ricordano le residenze francesi o gli splendidi palazzi di Sanssouci e Mon Repos. La *Sala degli specchi* ci trascina per un istante nei salotti dell'aristocrazia settecentesca, con gli arredi in stile Luigi XV, l'orologio intagliato nel guscio d'una tartaruga, il gioco delle immagini che si moltiplicano tra stucchi e contorni dorati.

Ma l'affresco sul soffitto ci riporta alle origini raccontando ancora la città antica sull'Alveria che sta per nascere sotto l'indice di Ducezio.

Siamo di nuovo sul corso, la nostra andatura muta ancora, il passo s'impenna quasi nostro malgrado ai piedi di quelle strade ripide, in salita, che sembrano trascinarci su, regalandoci una visione simultanea e in ascesa del piano lastricato in riquadri di lava, delle cornici dei tetti, dei davanzali rigonfi come gli abiti delle dame. Siamo sotto *Via Nicolaci*, ma abbiamo già la sensazione di percorrerla come se ci venisse incontro, di camminarci dentro anche osservandola dal basso, fino a quell'orizzonte di pietra che è la *Chiesa di Montevergine*, concava, rotonda, tra due campanili.

Il gioco a stupire raggiunge il culmine nei reggimensola delle balconate, tra putti e cavalli alati, leoni, sirene, una visione fiabesca che costringe a fermare il passo al centro della via con lo sguardo rapito, in alto: sembrano le creature di un romanzo cavalleresco consumato tra battaglie e visioni, draghi e Saraceni, fanciulle da salvare o creature di immaginifica mostruosità. Possiamo fermarci qui a contemplare questo sogno trasformato in pietra, già appagati da esso, o scegliere di proseguire, varcando l'ingresso del palazzo, ancora diverso con il suo stile neoclassico nelle colonne e nei fregi decorati da triglifi; conduce al piano superiore uno scalone monumentale sormontato dal simbolo del casato, il Cirneco dell'Etna sollevato su una colonna.

Siamo a *Palazzo Nicolaci-Villadorata*, "ospiti" del principe di Villadorata, in questa sede che sembra una creatura ibrida, tra la residenza di pregio e l'abitazione privata di cui cogliamo la versione più recente, prevalentemente novecentesca, in un susseguirsi di stanze dai nomi e dai colori diversi: la sala del the su cui s'affaccia, dipinta sul soffitto, una donna orientale a porgerci la tazza fumante, il camerino degli artisti affrescato in stile liberty, l'alcova, la sala da ballo con i suoi affreschi ottocenteschi, tra divinità olimpiche e muse, stagioni e segni zodiacali, putti, uccelli, festoni.

Ma se le decorazioni interne sono talvolta leziosi effetti di un gusto nutrito da imitazione, è fuori che lo stupore non riesce a lasciarci: nelle strade di Noto lo spettacolo non cessa mai, nessun sipario cala su questa scenografia immensa. In cima alla *Chiesa di San Carlo*, affacciati a pochi metri dalla vela campanaria come da una nave, imprimiamo negli occhi e nella memoria quel «giardino di pietra» cantato da Cesare Brandi[5].

Eppure, anche ora che sentiamo quasi di coglierne l'essenza, Noto ci sfugge, poiché ancora un'altra città si nasconde dietro le quinte di questa, quando i flutti di scale che assaltano il colle

[5] Il testo intitolato *Noto* è stato scritto da Brandi nel 1949 e ripubblicato nel 2003 da Sellerio nella raccolta *Sicilia mia*.

si placano nella sua parte più alta, nella tranquillità di *Piazza Mazzini*, raccolta attorno alla *Chiesa del Santissimo Crocifisso*, con le sue panchine e le persone che conversano quasi noncuranti della vicina casa circondariale, dinanzi alla chiesa progettata dal Gagliardi, prezioso scrigno d'una bellissima *Madonna* del Laurana.

C'è una vita raccolta e intima in questa parte di Noto, un cuore segreto che pulsa nei quartieri più popolari, come l'*Agliastrello*, con i suoi vicoli tortuosi e ripidi. La geometria della città barocca ora si frantuma, quasi a ricreare l'aspetto di un'intima cittadina collinare del Medioevo: la Noto diroccata e perduta ritorna, come se avesse disegnato un'immagine di sé nel cuore dei suoi abitanti e quel richiamo nostalgico avesse preso la forma di slarghi e cortili, scalinate e dimore semplici. Ci aggiriamo tra questi quartieri "spontanei" emersi tra chiese e palazzi come tessuti fragili e densi di memorie. Percorrendo queste strade nascoste, a tratti invisibili, piene di colori, di fiori, di persone ai davanzali o sedute dinanzi agli usci, ci sentiamo a casa, accolti da quanti rispondono al nostro saluto, quasi imbarazzato per la troppa invadenza, con un sorriso che pare un inchino, un gesto di umanità.

Allora si ha la sensazione, finalmente, che il cerchio si chiuda, che nulla sia andato veramente perduto nelle lunghe peregrinazioni della città bella e multanime.

# O

## Ortigia

Davanti al golfo Sicanio giace un'isola,
di fronte al Plemmirio ondoso,
gli antichi le diedero il nome di Ortigia.

Virgilio, *Eneide*

Vista dall'alto assomiglia a una nave con la prua inclinata sul mare, a chiudere la curva perfetta del porto, oppure a una mano con il palmo rivolto al cielo e le dita raccolte, fuorché l'indice, che sembra indicare qualcosa laggiù all'orizzonte.

Il versante occidentale è più squadrato, con il rettifilo della Marina che si allunga tra il mare e una doppia linea di ficus Benjamin; a levante, invece, la costa si arrotonda, diventa panciuta nella terrazza che sporge più a est, poi si restringe, morbidamente, creando istmi e gole, fino ad appuntirsi nell'estremità che ne congiunge i due lati opposti.

Quando i Greci giunsero qui, nel 734 a.C., trovarono quaranta ettari di terra circondata dal mare, ricca di sorgenti d'acqua dolce e due porti che la rendevano un approdo ideale: furono i nuovi coloni guidati dal corinzio Archia a disegnare le sue strade, con quel rigore geometrico che le contraddistingue ancora oggi, quasi fossero lì da sempre, per un ordine naturale delle cose.

Pur avendo cambiato volto nei secoli, la forma delle vie e dei quartieri di Ortigia è rimasta la stessa; così, tracce e pietre delle costruzioni più antiche sono passate a quelle più recenti, un'epoca è trascolorata in un'altra lasciandovi sempre un segno, indicando alla successiva luoghi, perimetri, recinti, lasciandola

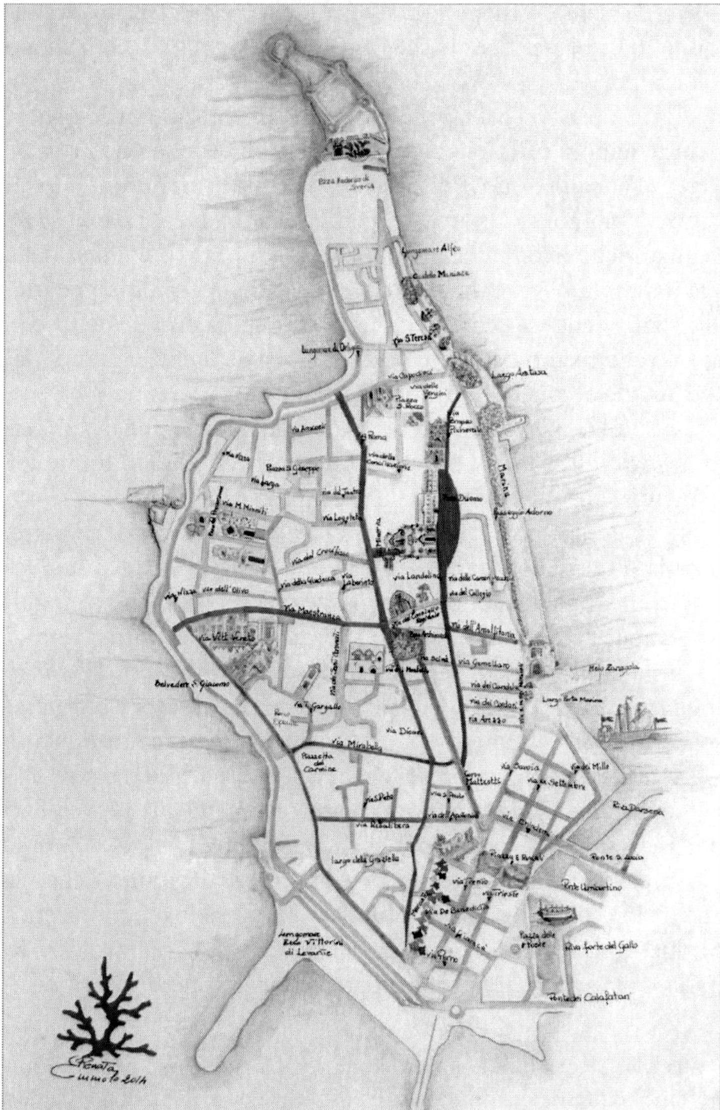


*Ortigia, mappa dell'isola e dei suoi monumenti.*
Disegno di Renata Emmolo

libera d'essere e insieme quasi legandola a un tracciato immutabile. Forse è per questo che i muri di Ortigia svelano il suono del tempo.

C'era una *Via Sacra* che collegava in direzione nord-sud i grandi templi della città greca, quello di Apollo (nell'attuale Piazza Pancali) e quelli di Atena e Artemide sull'Acropoli (oggi Piazza Duomo). Possiamo leggerla chiaramente la *hierà hodòs* degli antichi coloni, che oggi prende il nome di *Via Dione* nella sua parte più bassa e di *Via Roma* nella strada che prosegue fino alle spalle della Cattedrale. Era questa la spina dorsale dell'isola, cui si collegavano come arcipelaghi i lotti dei nuovi abitanti; dal suo incrocio con l'asse viario tracciato dalle odierne *Via Maestranza*[1] e *Via Amalfitania* (che in età romana divenne il *decumanus maximus*), nasce il punto di snodo, il confine e il limite dei quattro settori di Ortigia, delle sue quattro anime.

Ecco, a nord-est, il rione *Graziella-Sperduta*, pieno di mare, popolato un tempo dai pescatori e dai calafatari, con i suoi labirinti di strade, di ronchi e le piazze che s'aprono da vicoli abitati come case, a prolungarne lo spazio e persino l'atmosfera di intimità familiare. Sul versante opposto, a nord-ovest, *I Bottari*, il quartiere che fu commerciale, vissuto da mercanti e artigiani, soprattutto nel Quattrocento, la seconda età aurea di Siracusa dopo quella greca, quando la città ebbe il privilegio d'essere scalo franco nel Mediterraneo e ospitò commercianti provenienti dalla Catalogna e dalle repubbliche marinare.

In particolare, i mercanti di Amalfi si stanziarono nella via che da loro prese il nome di *Amalfitania*; tutta la toponomastica di queste strade strette, protese sul mare e sulla *Porta Marina*, parla di lavoro e di corporazioni: i cordai, i candelai, i botta-

[1] Via Maestranza (o Via della Maestranza) ha mantenuto nei secoli importanza e prestigio, "ospitando" le residenze di molte famiglie nobili. Su di essa si affacciano *Palazzo Bonanno*, *Palazzo Danieli-Rizza*, *Palazzo Doumontier*, *Palazzo Impellizzeri*, *Palazzo Impellizzeri-Vianisi*, *Palazzo Romeo-Bufardeci*, *Palazzo Spagna*, *Palazzo Zappata-Gargallo*.

*Ortigia, Chiesa di San Cristoforo* (*particolare*).
Foto di Mario Dondero

ri (così era chiamata anche l'odierna *Via Cavour*), che diedero il nome all'intero rione proprio per l'aspetto predominante del loro commercio.

La tintura delle stoffe era invece una prerogativa degli ebrei che popolavano il quartiere della *Giudecca*, a sud-est, prima che nel 1492 fossero cacciati dalla città con un editto di Ferdinando il Cattolico. Immaginiamo il porto pieno di galee, in un movimento costante di merci, di affari, di produzioni, mentre andiamo verso l'ultimo quartiere, a sud-ovest, attratti dall'unico punto in deroga al disegno, come fosse uno squarcio, un occhio che si apre sul resto. Qui anche il tracciato greco si rompe, si disfa in uno spazio quasi metafisico, sacro da sempre: l'Acropoli di Siracusa antica, *Piazza Duomo*, che si inclina verso il mare, con quei palazzi che paiono quinte teatrali e seguendo l'andamento del suolo ne disegnano le forme rotonde, piacevolmente irregolari. Decidiamo però di lasciarci momentaneamente alle spalle questo luogo straordinario, per tornare poi; ci allontaniamo custodendo nel cuore e negli occhi una intuizione della sua bellezza, della sua intensità.

Andiamo verso *Via Landolina*, guardando in alto il raffinato disegno di *Palazzo Chiaramonte*, con le sue bifore preziose, sintesi di una severità gotica e un gusto originale, rubato all'arte del merletto, quasi fossero bianchi tessuti di pietra.

Ciò che colpisce dei palazzi di Ortigia è proprio l'effetto di simultaneità, che ci permette di cogliere nel medesimo istante il fiore di epoche e di stili diversi. Qui è possibile entrare da un portale normanno, con il sesto acuto che si apre da una cortina di pietra spessa come una fortezza, e affacciarsi da un loggiato catalano, che si protende su un cortile ombroso e accogliente. Hanno quasi una doppia personalità, questi edifici trecenteschi e quattrocenteschi scampati ai terremoti, si difendono nel piano più basso e s'aprono alla vita nella parte superiore.

I loro nomi evocano le grandi famiglie che si contesero il dominio della Sicilia alla morte di Federico, come i Chiaramonte, o quelle dei notabili siciliani e spagnoli che governarono la città per conto delle sue regine: i Nava, i Bellomo, i Montalto, i Blanco.

È appassionante, come in una caccia al tesoro, cercare il Medioevo di Siracusa seguendone le tracce intermittenti, le miracolose sopravvivenze. *Palazzo Interlandi*, con la facciata austera, le bifore sostenute da colonne affusolate e la spessa cortina muraria, da bastione, domina sul Lungomare di levante, grigio come il mare dei giorni in tempesta che qui regalano le loro atmosfere più dense. Il mare arriva sulla strada, lo respiriamo camminando sul marciapiede che costeggia la muraglia a ridosso dei frangiflutti che a stento spezzano le onde.

Appena dietro, in *Via dei Mergulensi*, *Palazzo Gargallo*, più incline all'influsso iberico, nel portico, nella sua scala esterna, a cielo aperto. Troviamo tracce di questo gusto anche in luoghi inaspettati, come a *Piazza Archimede* nel *Palazzo dell'Orologio*, che superando l'involucro novecentesco svela un cortile del Quattrocento, ancora una scala a cielo aperto, una bifora, un delicato loggiato. Come variazioni sul tema, cogliamo le tessere che compongono il mosaico di una piccola Barcellona che raggiunge il suo massimo splendore a *Palazzo Bellomo*, la sede della Galleria Regionale. Altrove, sopravvivenze di questo mondo vivono in ritagli inaspettati, come all'ingresso di *Palazzo Greco*[2], o inconsapevoli, come nel cortile che ci stupisce al n. 23 di *Via Mirabella* (*Palazzo Abela-Danieli*), popolare, vissuto, decadente, con disegni architettonici che hanno perso la loro funzione ma non la loro bellezza. Qui la scala catalana non collega più a un piano superiore, ma solo a una porticina che si apre a metà della gradinata: rimane in qualche modo fine a se stessa, trasformata in un giardino in ascesa, con piante e fiori ad ogni gradino.

Altrove i loggiati sono leggibili ma ciechi, chiusi da costruzioni successive che sacrificano la bellezza a un aumento di cubatura, come al n. 32 di *Via Cavour*. Tra condizionatori, vestiti appesi, auto parcheggiate, intuiamo una bellezza antica e deturpata, in bilico tra innesti in cemento e colonne romane di riuso secentesco; su al primo piano, incredibilmente belle quanto offese da edificazioni successive, le colonne tortili di un portico disegnato dal Vermexio. Usciamo increduli, come da un sogno, ma la visione è confermata dalla facciata in cui sono murate

[2] L'edificio, situato in Corso Matteotti 29, è sede dell'Istituto Nazionale del Dramma Antico dagli anni Trenta del secolo scorso.

le bifore trecentesche, mentre piante fuoriescono dalla pietra e saracinesche trasformano in garage un portale normanno (Via Cavour, n. 30). Accade, a volte, che le tracce del passato vivano come presenze fantasmatiche, irreali e incomprese, raccontando ferite, chiedendo riscatto.

Tornando indietro di pochi metri, in direzione di Piazza Duomo, troveremo alla nostra sinistra una via molto speciale, semplice e popolare, con le palme che regalano l'ombra ai passanti e ai ristoranti che si affacciano su una piazzetta senza pretese eppure pittoresca, accogliente. Non penseremmo che vi pulsi la Storia, se non fosse proprio il nome della strada a suggerirlo: *Via del Consiglio Reginale.*

Tutto ebbe inizio nel 1361, quando Federico d'Aragona affidò alla consorte Costanza un territorio del suo regno sul quale la regina potesse esercitare la propria giurisdizione diretta. E della Camera Reginale, di questo stato nello stato che comprendeva un territorio molto ampio (tra cui Lentini, Mineo, Paternò, Castiglione, Francavilla, Pantelleria), dotato di una corte di giustizia, di un'amministrazione autonoma, di un tribunale, Siracusa fu la sede prescelta: divenne, dunque, la "Regale stanza della regina e del suo luogotenente".

Funzionari spagnoli di alto rango transitano ora nella città e i notabili siracusani sono spesso chiamati in Spagna, la nuova "madrepatria" da imitare ed emulare. In verità, le regine si recano assai di rado in Sicilia e per lo più affidano incarichi a un governatore e a un consiglio. Nonostante questo, di alcune tra loro sopravvivono storie avvincenti, che le ritraggono in bilico tra il privilegio e il pericolo, quasi a dover sostenere un potere più grande di loro, fin troppo ambito. Soprattutto, la loro sorte sembra fatalmente vincolata a quella del marito o del padre: come in una partita a scacchi, il vacillare del re non può che determinare la loro caduta.

Così accade a Maria, la figlia di Costanza d'Aragona, la sfortunata regina morta appena tre giorni dopo averla data alla luce. Quando, perso anche il padre, Maria diventa unica erede, le grandi famiglie aristocratiche che aspirano al dominio sulla Sicilia si contendono anche il controllo della giovane sovrana. Artale Alagona si adopera per darla in sposa al milanese Galeazzo Visconti, ma Raimondo Moncada, conte di Augusta, va letteralmente a prenderla a Castello Ursino, la fortezza in cui è tenuta in "custodia" a Catania, e la porta con sé.

Dopo varie peregrinazioni – da Augusta a Licata, alla Sardegna – Maria giunge infine ad Aragona dove, affidata alla regina Eleonora, sposerà Martino, rendendolo così re di Sicilia: finalmente, nel 1392 i due reggenti giungono a Siracusa, inaugurando un periodo florido ma di breve felicità: Maria perde un figlio piccolo, ferito erroneamente durante un torneo; lei stessa muore appena due anni dopo. Tutta la Sicilia la piange.

Anche la seconda sposa di Martino, Bianca, non ha vita facile alla morte del marito. Questa volta è il conte di Modica, Bernardo Cabrera, a tentare di imprigionare la sovrana; allora Bianca si rifugia a Siracusa, la capitale del suo regno, nel Castello Marieth, la fortezza saracena in mezzo all'istmo che viene presa d'assedio. A salvare la regina sarà Giovanni Moncada, con i suoi uomini e con l'aiuto di Raimondo Torres capitan di nave.

Tratti ben più inquietanti contraddistinguono Maria di Castiglia, sposa di Alfonso di Aragona, il fondatore dell'Università di Catania: la regina non risparmierà nessuno pur di mantenere il potere e non esiterà a spegnere le voci di alcuni aristocratici dissidenti con un bagno di sangue consumato al Castello Maniace.

Queste storie sono nell'aria, quasi impigliate a ciò che rimane della *Camera Reginale*, quel magnifico portale a ogiva che s'apre da una spessa cortina muraria. Sul concio di chiave spicca *San Michele*, il gran guerriero biblico che schiaccia il drago del male; come nel libro dell'*Apocalisse*, impugna una spada e insieme regge la bilancia con cui si credeva pesasse le anime dopo la morte. Tenteremo invano di oltrepassare questa soglia un po' misteriosa, fantasticando che ci porti dentro un palazzo. Sopravvissuto alle tempeste del tempo e ai terremoti, ci lascia come sospesi sul vuoto, per poi aprirsi su un cortile cinto da case semplici, odoroso di gelsomini e pieno di silenzio.

Bisogna smarrirsi, accettare un patto segreto che contempla la vittoria dei sensi sulla ragione, per poter conoscere quest'isola un po' magica... E camminare senza meta tra i suoi intonaci sfarinati, i mattoni corrosi. C'è una bellezza tutta particolare nelle scale consumate dei palazzi, levigate dai milioni di passi che hanno preceduto i nostri, in quei perimetri a volte un po' irregolari che fanno delle case manufatti unici, e non scatole disegnate in serie.

Ha odori forti, Ortigia, l'umido che s'addensa sui muri e negli armadi, lo stesso odore d'acqua e di pietra che annusiamo nei suoi sotterranei; c'è quello dei gatti che la abitano e che non disdegnano la spazzatura agli angoli delle strade, pur preferendo di gran lunga gli avanzi delle trattorie che assaporano come premio di studiati appostamenti; si respira un vento di mare, e ondate di oleandri o gelsomini anche nei giorni lontani dalla primavera. Profumi irresistibili precedono di un paio d'ore il momento del pranzo, scivolando dalle cucine nei vicoli: allora guardiamo in alto, come gatti, verso le finestre aperte, giocando a indovinare le pietanze di cui saranno imbandite quelle tavole invisibili. Nei giorni di vento l'odore di bucato si stacca dai panni stesi fuori e inonda le strade, le trasforma in fiumi profumati di muschio e sapone di Marsiglia.

Respirare è come navigare, come nuotare.

I suoni di Ortigia non sono fatti di motori e clacson, se non nelle sue poche vie più trafficate: sono un fruscio di passi e voci, anche a tarda notte, quando nel silenzio galleggiano verso l'alto, definite, intatte persino oltre gli scuri, fino ai letti, catapultando i dormienti giù in strada nell'illusione del gioco sonoro, come se si fossero assopiti laggiù, su un gradino o nella piazza sotto casa.

Nelle notti d'inverno e di pioggia l'andatura si fa più affrettata, nell'ansia di raggiungere una macchina o un portone. Allora, non si sentono parole né risa, solo un ticchettio di gocce e di passi, la punteggiatura del silenzio.

In primavera le case sembrano aprirsi come fisarmoniche, con le radio accese che superano i musicanti di strada in volume e in folklore, le chiacchiere nei balconi e qualche volta anche da una finestra all'altra, mentre i bar si dilatano sulle vie in questo risveglio che si fa sempre più vociante con l'approssimarsi dell'estate. Ma il concerto più straordinario, quasi ipnotico, dura tutto l'anno, sebbene dia il meglio di sé in autunno, stagione di cieli cangianti e voli verso sud: è quello che ci riservano centinaia di uccelli al tramonto, sul rettifilo della Marina fino al Largo Aretusa.

Il popolo degli alberi canta la sua ode alla vita sotto un cielo di fuoco, poi di colpo si placa. Un altro giorno è finito.

È piena di cicatrici, Ortigia, di cambiamenti e rivolgimenti, di morti e rinascite.

Alla fine del Cinquecento divenne piazza d'armi, quando Carlo V la munì di diciassette bastioni eretti spesso a danno dei monumenti antichi e del Teatro Greco, cui furono sottratti centinaia di blocchi di pietra. Il Tempio di Apollo divenne una caserma, l'isola una immensa fortezza come già era stata ai tempi di Dionisio. La sua vocazione commerciale svanì come un sogno, e quel mare su cui si apriva un tempo divenne minaccia da cui difendersi. Forse per reagire a questa chiusura imposta, quasi contro natura, alla fine dell'Ottocento le mura furono abbattute con altrettanta violenza, persino con un senso di liberazione: ne restano sparute testimonianze, la *Porta Marina*, *Forte Vigliena*, *Bastione San Giovannello*, la punta del *Castello Maniace*.

Sono poche invece le tracce del Rinascimento, che nella "città-fortezza" ha fatto un fugace e timido ingresso. Ne troviamo una nel portale della *Chiesa di Santa Maria dei Miracoli*, la cui parte più antica risale al Trecento e che sarà più volte ricostruita nei secoli. Un luogo magico, perché sembra che qui, nel Cinquecento, la Madonna avesse fermato la peste, la morte nera che aveva mietuto diecimila vittime, e avesse fatto guarire i malati. L'icona "guaritrice" della Madonna si è persa… rimane però la bellissima lunetta di scuola gaginiana sul portale della chiesa, raffigurante un gruppo scultoreo della *Madonna col Bambino tra i Santi Rocco e Sebastiano.*

Sul finire di *Via Picherali*, prima che la strada si apra sul Largo Aretusa, troviamo un altro raffinato scorcio rubato al Rinascimento: siamo dinanzi alla balconata di *Palazzo Migliaccio*, un *unicum* qui a Siracusa per le decorazioni in pietra lavica che inframezzano, zigzagando nella pietra, il biancore del calcare.

Proprio a una Migliaccio, Lucia, due secoli dopo il poeta Giovanni Meli avrebbe dedicato una celebre ode; vale la pena fare un balzo nel tempo e ricordare alcuni versi di questo delicato canto d'amore…

Ucchiuzzi niuri,
si taliati,
faciti cariri
casi e citati;
jeu muru deboli
di petri e taju,
cunsidiratilu,
si allura caju!
Sia arti magica,
sia naturali,
in vui risplendinu
biddizzi tali,
chi tutti 'nzemmula
cumponnu un ciarmu,
capaci a smoviri
lu stissu marmu[3].

---

[3] "Occhietti neri / se guardate, / fate cadere / case e città; // io, muro debole, / di pietra e fango, / abbiate considerazione, / se allora cado! // Sia arte magica, / sia naturale, / in voi risplendono / bellezze tali, / che tutte insieme / compongono un incantamento, / capace di smuovere / lo stes-

La donna era figlia di Vincenzo, duca di Floridia, e di Dorotea Borgia. Nacque il 18 gennaio 1770 proprio nel palazzo della famiglia materna tra Piazza Duomo e Via Picherali, a pochi metri da qui. Di lei si sarebbe invaghito di un amore immenso un forestiero molto particolare, niente meno che il re di Napoli Ferdinando IV di Borbone, che l'avrebbe presa in sposa in seconde nozze.

Siracusa, città di regine.

Quando l'Ottocento aprì le sue porte, già da un secolo Ortigia aveva assunto il volto nuovo con cui ci appare ancora oggi, dopo che, nella notte dell'11 gennaio del 1693, era crollata in pochi istanti per via di un terremoto che ne aveva scosso le fondamenta portando con sé le anime di molti suoi abitanti. Così risorse nel Settecento, più splendente di prima, per l'impegno di uomini che amarono la bellezza e grazie allo zelo di mani esperte: artisti, artigiani, scalpellini, maestri della pietra eredi di una sapienza millenaria.

Non fu un restyling né una riparazione, ma una nuova vita. È l'Ortigia barocca così come la immaginarono questi artisti straordinari: Luciano Alì, che progettò il nuovo prospetto del più antico *Palazzo Beneventano del Bosco*, *San Leonardo*, *San Filippo Apostolo*, la facciata convessa di *San Francesco all'Immacolata*; Andrea Palma, cui si deve il volto della *Cattedrale* che ammiriamo ancora oggi; Pompeo Picherali, che disegnò la facciata della *Chiesa dello Spirito Santo*, sul Lungomare di levante, come una stupefacente quinta teatrale: vista di sbieco sembra quasi appoggiata sull'edificio, leggera, pronta a essere portata altrove[4]. Nacque *Via Maestranza*, così come la vediamo oggi, con i suoi

so marmo." La poesia, intitolata *L'occhi*, fa parte del *corpus* delle *Odi* di Giovanni Meli; cfr. *Poesie scelte*, 2004, p. 52 ss.

[4] L'effetto è ulteriormente amplificato dall'aggiunta di un terzo ordine, opera di Luciano e Gaspare Alì, per cui la facciata prosegue ben oltre il tetto della chiesa.

*Ortigia, Piazza Duomo* (*particolare*).
Foto di Mario Dondero

magnifici palazzi settecenteschi e quelle balconate continue con cui i possidenti si sfidavano in una gara di bellezza, tra mensole e decori, fino a costruire palazzi-scultura con cui stupire, esprimere il proprio potere, forse anche esorcizzare il male che avevano conosciuto.

Ma quel lato oscuro della vita, che era emerso così violento, era finalmente incatenato in architetture oniriche, imbrigliato a sostenere balconi e cantonali, come l'antico Tifone dalle cento teste che i Greci immaginarono legato sotto l'Etna.

I nuovi committenti erano anche viaggiatori, più di quanto si creda: dovevano avere, questi signorotti, gli occhi pieni dei galeoni inglesi e spagnoli che solcavano l'onda del mediterraneo specchiandosi con le loro statue dorate nelle acque rischiose. Navi imponenti con cariatidi a poppa e polene a prua entravano e uscivano dai porti siciliani lasciando negli occhi visioni fantastiche di sirene e dragoni, di leoni alati, di centauri e di mostri: forse anche da questo incontro nacquero gli onirici palazzi-nave, galeoni di terra pieni di statue e scrigni di meraviglie[5].

Ci aggiriamo per l'isola di notte, come rapiti da questi vascelli, con i loro stormi d'angeli e demoni. Cos'è, se non una polena, la sirena di *Palazzo Blanco* in Via Maniace, con quel ricciolo che si muove con il vento, come un'onda? Fauni, maschere fatte di fiori e foglie, occhi sgranati, fauci aperte con la lingua pendula ci sorprendono nei cantonali delle strade, come le creature di pietra all'incrocio tra Via Roma e Via Capodieci, il mascherone che fa spavento in Via Labirinto, il Grifone alato di *Palazzo Mezio* (in Via Veneto n. 47). Una cintura apotropaica protegge dal male questi edifici pieni di curve, forse protegge anche noi che ci camminiamo attorno.

Siamo tornati laddove abbiamo iniziato. Attraversiamo *Piazza Duomo*, con i palazzi che ne disegnano l'orlo, prima che aumenti il dislivello del suolo giù fino al mare.

Ciò che vediamo a un primo impatto appare rigorosamente secentesco: pieno, rotondo, scenografico. Ecco a sinistra *Palazzo del Senato*, che Giovanni Vermexio ultimò nel 1632: c'è pure la sua firma, quella lucertolina di pietra che sembra muoversi, guizzando tra i due stipiti del cornicione. Una geometria solida nel bugnato di gusto rinascimentale caratterizza il piano inferiore che una ringhiera in ferro battuto separa da quello superiore, più leggero, più libero. Al centro, immancabile, l'aquila a due teste, simbolo dell'impero spagnolo; sono però vuote le nicchie che avrebbero dovuto contenere le statue dei sovrani iberici. Sopra il portale, una testa d'uomo animata da fantasie floreali prelude a quel gusto per il meraviglioso che avrebbe irretito le architetture della città.

Di fronte si erge *Palazzo Beneventano*, cui il genio di Luciano

[5] Cfr. Paolo Giansiracusa, *La valle dell'Anapo e il Leontinoi...*, 2008, in particolare il capitolo "Le mensole e le maschere", pp. 185-207.

Alì diede forma dopo il terremoto secentesco, ridando nuova vita e nuovo volto a un edificio che esisteva, proprio lì, già dal Medioevo. Nei suoi saloni danzò l'ammiraglio Nelson prima di partire per Abukir e Trafalgar e fu ospite Ferdinando di Borbone, nel 1806, come ricorda un'iscrizione sotto lo stemma.

Accanto alla Cattedrale, la bianca signora della piazza, l'*Arcivescovado*, con i limoneti che si affacciano dai giardini claustrali, sopraelevati, inafferrabili, appena intuibili da quaggiù. Anche questo edificio progettato da Andrea Vermexio[6] è un posto pieno di sorprese: chi riesca a addentrarsi fino al secondo cortile scoprirà una finestra trecentesca riemersa da una facciata ove è stata a lungo nascosta, ammirerà tracce di archi quattrocenteschi, un loggiato sostenuto da colonne romane in marmo e granito egizio; troverà anche una biblioteca sorprendente, la *Alagoniana*, in cui consultare libri di pregio e codici miniati.

Torniamo fuori, passeggiamo verso la *Chiesa di Santa Lucia alla Badia* che Luciano Caracciolo progettò dopo il terremoto per chiudere la piazza, come una quinta, mutando l'orientamento della preesistente chiesa cinquecentesca, affacciata su Via Picherali.

Ci fermiamo dinanzi al prospetto, con le sue balaustre in ferro battuto e le colonne tortili ai fianchi del portale, formose come corpi di donna. Al centro, dinanzi a noi che guardiamo, una cornice fitta di raggi su cui sono posti la colonna e la spada, la palma e la corona: il martirio di Lucia attraverso i suoi simboli.

Bisogna attraversarla lentamente, Piazza Duomo, concentrandosi sui piedi, fin quasi a renderli prensili, e provare a sentire tutti gli strati su cui è poggiato il suolo che stiamo calpestando.

Sotto di noi ci sono le capanne circolari dei Siculi che vivevano qui già dall'età del bronzo, molto prima che vi giun-

[6] Il secondo ordine è però posteriore, opera dell'ingegnere militare Louis Doumontier.

gessero i Greci, e tracce dell'edificio sacro che, nell'VIII secolo a.C., i coloni corinzi costruirono nel punto più alto, proprio al suo centro. C'è anche il nuovo edificio templare che avrebbe incorporato, ampliandolo, quel primo tempio greco: ne esistono ancora le fondazioni, qui sotto i nostri piedi. Frammenti di ceramica raffiguranti la dea Artemide trovati in questo luogo raccontano pezzi di vita di un antico universo religioso; tracce di età preistorica ci portano ancora più indietro, fino a venti secoli prima di Cristo, a riti propiziatori in onore di divinità sconosciute testimoniati da ossa di animali e frammenti di vasi ritrovati dentro un pozzetto sigillato, ricavato nella roccia. Ci sono strade sotterranee che da qui portano fino alla Marina, antichi acquedotti e cisterne che divennero rifugi antiaerei nel 1943. I muri sembrano risuonare ancora di queste vite, come vecchi violini.

Ortigia è una valigia a doppio fondo. Sotto il *Palazzo del Senato* sono state rinvenute tracce di un antico tempio dedicato ad Artemide mentre il *Duomo* fu un Tempio di Atena, monumento-trofeo nato per ricordare ai posteri la grandezza di Gelone quando, nel 480 a.C., i Greci d'Occidente vinsero sui "barbari" Cartaginesi, umiliati e sconfitti come – dai Greci d'Oriente – i Persiani a Salamina.

La piazza doveva apparire assai diversa da oggi. Proviamo a immaginarla: c'è un *Artemision*[7] in stile ionico e un *Athenaion*[8] dorico; sono entrambi orientati a est, come tutti i templi greci

---

[7] Tempio di Artemide. L'attribuzione del tempio ad Artemide non è certa ma piuttosto accreditata. Nel 1967 fu proprio l'archeologo Gino V. Gentili, sulla scorta di un noto passo del *Processo di Verre* di Cicerone (II, 5, 68), in cui si fa cenno ai due templi di Ortigia dedicati a Minerva e Diana, che propose di identificare il grande edificio ionico con il Tempio di Artemide-Diana. Cfr. Giuseppe Voza, *Il Tempio Ionico di Siracusa*, 2013.

[8] Tempio di Atena.

che guardano nascere il sole, dunque in direzione opposta rispetto a quella attuale.

La piazza doveva essere un luogo aperto e libero, una grande terrazza sul mare e insieme un recinto sacro, poiché i templi erano casa del dio e non dell'uomo, che non poteva farvi accesso (a eccezione del sacerdote) ma offrire soltanto sacrifici all'esterno. Quest'area sacra mantiene nel tempo la vocazione originaria, diviene spazio cimiteriale in età bizantina e si amplia poi in età medievale in cui hanno inizio le nuove costruzioni, che muteranno forma nei secoli successivi.

Di questi cambiamenti, di questo fiume di vita che scorre poderoso sotto di noi, la *Cattedrale* è sintesi e metafora: oltrepassiamo la facciata di Andrea Palma, un omaggio dell'architetto al barocco romano, per trovarci dentro un tempio greco, ancora perfettamente visibile, intatto nelle colonne doriche che ne sostengono e contornano i lati, nella cella trasformata, nel VII secolo d.C., in navata centrale su cui sono stati ricavati gli archi di pietra.

Nell'878, quando Siracusa diventa araba, il tempio cristiano si trasforma in moschea, poi torna a essere chiesa ma con un corpo ancora modificato, una chiesa-castello, come appare nel XII secolo, su cui si aprono finestre-feritoie e corridoi di passaggio, postazioni di avvistamento, in alto, ai lati, protette da merlature che inglobano gli antichi triglifi greci.

All'interno di questa creatura vivente e metamorfica, fatta di continui innesti e sorprese, possono coesistere il pavimento policromo del Quattrocento, le cappelle secentesche del *Crocifisso*, del *Sacramento*, di *Santa Lucia* – con le loro candele accese, tra immagini di santi e inginocchiatoi –, il gigantesco cratere ellenistico, all'ingresso, trasformato in fonte battesimale, e la *Madonna* del Gagini, bianca e delicata come la neve.

Sono molto diverse da questa le sculture della facciata, opera del Marabitti: l'*Immacolata* al centro, ai lati *San Marziano e Santa Lucia* a comporre un empireo che ci osserva beato dall'alto; giù ai fianchi della gradinata, più vicini, più terreni, *San Pietro*, il fondatore, con la sua silenziosa e solida autorità, e *San Paolo*, tutto immerso dentro un fuoco di fede e predicazione, l'indice rivolto in alto, lo sguardo verso di noi.

Accanto a questa Storia che si dipana grandiosa, folgorante, in queste testimonianze nate e pensate per attraversare i secoli, scorre parallela un'altra vita, una Ortigia più segreta, piena di curiosità, di storie che possono passarci accanto, anche inosservate. Così accade ad esempio nel punto di incrocio tra *Via Amalfitania* e *Via Landolina*, dove oggi i passanti amano fermarsi a mangiare il gelato accanto allo stesso muro in cui un tempo si trovava la Gogna della città[9]. Coloro che non riuscivano a onorare un debito o commettevano un reato venivano trascinati qui dalle guardie ed esposti al pubblico ludibrio; a volte veniva loro messo un collare di ferro, mentre dal capo pendeva un cartello con la motivazione del castigo. Il malcapitato era poi messo in un gabbiotto che veniva fatto pendere in modo che tutti lo potessero vedere. La variante più spietata consisteva nel costringere il debitore a denudare il fondo schiena e ad appoggiarlo contro il lastrone di marmo (*'u lastricu di marmuru*): l'unica consolazione per l'uomo ridotto, per l'appunto, sul lastrico era guardare l'immagine della Madonna misericordiosa che non a caso "si affaccia", ancora oggi, dall'opposto cantonale.

Insieme a Santa Lucia, la Madonna è una presenza costante in Ortigia, dalla scultura che domina al centro della facciata del Duomo alle più intime edicole votive di cui sono costellate le viuzze dell'isola. Maria è anche protagonista di una festa religiosa misteriosa e segreta, spesso ignorata dagli stessi Siracusani ma ben nota agli ortigiani, "vittime", una volta l'anno, di un subitaneo risveglio notturno provocato da una banda che dalle tre alle cinque del mattino riempie di musica le strade. Per chi si trova

[9] Oggi l'angolo è delimitato da un cantonale a forma di conchiglia, frutto di una ristrutturazione risalente ai primi del Novecento.

qui la prima volta la scoperta assume i tratti di un'allucinazione sonora, che si fa però progressivamente più netta, precisa, reale. Possiamo scegliere di affacciarci e salutare dal balcone questa folle banda cittadina con il suo seguito di devoti e curiosi o accettare l'invito e unirci a loro, marciando a ritmo di grancassa, mentre i fiati modulano un repertorio squisitamente profano, persino carnevalesco: da *Brasil* a *Rosamunda*, da *Ciuri ciuri* a *Vitti 'na crozza*. Si arriva in chiesa dopo due ore di scorribande musicali; ci aspetterà quasi accanto alla soglia il banchetto dello *zuccàro*, dolce di zucchero caramellato che nasce dal fuoco e prima di indurirsi pare fatto di lava.

La festa prende il nome di *Svelata* o di *Atturna*, e si celebra la notte tra il 28 e il 29 novembre, a inizio della novena che precede l'Immacolata. Si ha notizia di questa cerimonia già nel periodo medievale quando, per permettere agli agricoltori e agli artigiani di partecipare, la funzione iniziava prima del sorgere del sole. Ancora oggi, alle cinque del mattino la chiesa è gremita di fedeli, che stanno seduti, in penombra, immersi dentro una delicata luce di candela dinanzi alla statua della Madonna coperta da un velo. Giunta l'ora, in pochi, magici istanti, la statua viene svelata, si accendono le luci e si sente una voce: *Dicimiccillu cu tuttu 'u cori, Viva Maria!*

E tra applausi scroscianti inizia la Santa Messa.

Ortigia è uno scrigno pieno di sorprese, alcune sono a portata di mano ma non per questo più evidenti; altre sono più segrete, come l'*Atturna*, o come i disegni e le incisioni che troviamo sui suoi muri o nei sotterranei. Gli ipogei della chiesa di *San Filippo Apostolo* alla Giudecca, ad esempio, serbano emozionanti tracce di un passato variegato e complesso. Dopo aver attraversato la cripta dipinta di teschi e moniti a considerare la nostra fugacità – *fuimus sicut e vos, eritis sicut e nos* ("fummo come voi, sarete come noi") dicono gli ossuti dipinti –, raggiungiamo ciò che rimane di un rifugio antiaereo. Basta avvicinarsi alla parete per notare quanta vita pulsi in ciò che a distanza poteva sembra-

*Ortigia, maschere e sculture decorative, tra Via Roma e Via Capodieci.*
Foto di Mario Dondero

re uno scarabocchio: riconosciamo, disegnati con cura, caccia bombardieri, uomini che si lanciano con il paracadute, e una "didascalia" tanto più intensamente vera quanto sgrammaticata, come poggiata lì a esorcizzare quel tempo buio e sotterraneo, trascorso ad aver paura delle bombe: *I glesi si langiano con pericatutu* ("Gli Inglesi si lanciano col paracadute").

I muri di Ortigia parlano a chi sa e a chi ama ascoltarli, sono pieni di segni, come in Via Picherali, nella parete laterale della *Chiesa di Santa Lucia*, dove a circa quindici passi da Piazza Duomo (e poi ancora altri quindici) troveremo incise sulla pietra le sagome di antichi galeoni, forse disegnate con lance e baionette in noiosi turni di ronda di qualche secolo fa.

Camminiamo cercando di scoprire riciclaggi e curiosità, come le colonne romane rinvenute nel quartiere di Acradina, che nel Settecento alcuni signori amarono trasferire nelle proprie residenze: oltre a quelle dell'*Arcivescovado* ne troviamo, quasi in incognito, otto all'inizio di Via Maestranza, mimetizzate nella facciata di *Palazzo Doumontier*; potremmo passeggiarci accanto per anni senza farci caso.

Giocando a camminare con la testa in su, nonostante il rischio di non guardar bene dove mettiamo i piedi, si possono fare scoperte interessanti, come la curiosa lapide che sormonta il portone d'un palazzo al numero 57 di *Via Cavour*, che reca la data 1696, incisa appena tre anni dopo il terremoto che distrusse buona parte della città (e della Sicilia orientale). Questa volta non si tratta di questioni esistenziali o di moniti a considerare la fugacità della vita, al contrario, è un invito ad aver cura dei propri beni, preservandoli dallo sciacallaggio, dal latrocinio, come a dire: lasciate le case, se il pericolo lo impone, ma tornate a guardare il vostri tesori:

> Io che dopo tre anni
> del tremuoto sorgei voglio
> avvertire
> per schermirsi da danni
> le genti d'avvenire

s'avvien che torni a vacillar
la terra da le case fuggite
ma sul distrutto suol
a guardar il tesor tornate avvol.

Questo viaggio potrebbe non aver mai fine, perché continua ad alimentarsi di vita che si aggiunge alla vita. Per i Siracusani, anche coloro che si sono trasferiti nella città nuova, Ortigia è luogo di nostalgie. Il suo nome è greco, *Ortyghia*[10], ma i suoi vecchi abitanti la chiamano *'u Scogghiu*, lo scoglio; essere nati e cresciuti qui è considerato motivo di vanto.

I nomi delle strade di questo "villaggio" si muovono sul crinale delle cose conosciute e storpiate dal dialetto. Ci sono la *Turba* e la *Sperduta*, la *Facci Dispirata* (*Belvedere San Giacomo*), da cui secondo alcuni s'affacciavano le donne dei pescatori quando c'era il mare in burrasca, e *'a Masciarrò* (la *Mastra Rua*). Ci sono vicoli che prendono il nome dai loro alberi o da usi antichi: *'a Vanedda 'a liva* (*Vicolo dell'ulivo*), *'a Pamma* (*Ronco Palma*), *'a Vanedda 'a nivi* (il *Vicolo della neve*), come era chiamata *Via del Consiglio Reginale*, dove in estate si potevano comprare il ghiaccio e la neve proveniente dall'Etna o dalle neviere del Monte Lauro. *Arreri mari* è il *Lungomare di levante* in cui stavano le prostitute, mentre *'u Taliu* era il posto da cui si poteva guardare (*taliari*) il mare o l'orizzonte a est dalle case dei pescatori[11].

Molti soprannomi si sono mantenuti nel tempo, come quello dell'ottocentesco carcere borbonico, *'a Casa cu n'occhio* (la casa con un occhio), così chiamato dall'inquietante simbolo di giustizia e controllo che ne domina spalancato l'ingresso principale; altri si sono persi, insieme a una parte di memoria collettiva, come il modo con cui era detto il *Forte Vigliena*, *'u Centralinu*, da quando vi erano stati attrezzati impianti di radiofonia militare durante la seconda guerra mondiale.

---

[10] Da *ortyx* (quaglia) e *ghe* (terra).

[11] La cosiddetta *Marinella*, oggi sopra il parcheggio Talete.

Fino agli anni Sessanta anche la *Giudecca*, oltre la Graziella, era zona di mercati e ambulanti. Qui i venditori passavano e *vanniavano* la loro mercanzia, come i piccoli carciofi selvatici (*cacoccioli passatempu*), le lumache (*babbuci*), le arance *vaniglia* e la ricotta in cavagna, i gelsi *ianchi* e *niuri*. Ma la *vanniata* più bella era rivolta ai bambini, un invito accorato che supera in efficacia qualsiasi spot pubblicitario: *Picciriddi chianciti c'a mamma v'accatta 'u gilatu!* ("Bambini piangete che la mamma vi compra il gelato!")[12].

Dai racconti tramandati dai vecchi della città prendono corpo personaggi leggendari, come l'uomo che girava per l'isola vestito di bianco, con un finto cappello da ufficiale di marina, a vendere *sponse* (spugne)[13] di gelsomini, o l'oste della Graziella nella sua *putia* con l'insegna scritta a mano – *da Pilluccio si vende vino e si fa da mangiare* –, dove si giocava a carte bevendo vino rosso e mangiando *'u puppu* (il polipo) e le uova sode.

E poi c'era don Ciccio, il puparo. Ogni volta che gli infedeli caduti sotto i colpi di Durlindana di Orlando diventavano un numero eccessivo (decine, anche centinaia di migliaia), ne nasceva un immancabile sketch che coinvolgeva tutto il pubblico, che urlava a gran voce: «Cala don Ciccio!» oppure «*Rossa!* (grossa) don Ciccio»… Allora il puparo si affrettava a ridimensionare le cifre, con ironia e simulato imbarazzo, tra le risate di tutti. Né poteva mancare un riferimento al potere della donna, della *fimmina*, lo stesso leitmotiv che animava le conversazioni serali dei giovani, al Caffè Centrale, in una dolce vita di provincia che pare ormai lontanissima.

Viditi quantu po' 'n pilu di fimmina!
Dui palatini, ca su' du' pileri,

---

[12] Vedi a questo proposito il suggestivo libro di Michele Liistro, *Ortigia. Memoria e futuro*, 2008.

[13] Erano piccoli bouquet ottenuti per lo più infilando uno a uno i gelsomini negli steli secchi del finocchio selvatico, così da creare un nuovo fiore bianco e rotondo.

per causanza di la bella Angelica
su' addivintati du' nimici feri[14].

Foto d'epoca e racconti in bianco e nero ridisegnano una *Marina* fascinosa e retrò, con i caffè e le orchestrine, i carrozzini che aspettano viaggiatori stranieri dalle navi da crociera o quelli dei signori che la domenica escono con le proprie famiglie, e delicatamente sollevano il cappello incrociando dame riparate da ombrellini di stoffa, che ricambiano il saluto con un lieve cenno del capo.

Tutto nella immancabile cornice delle due file di ficus Benjamin, gli stessi che furono abbattuti durante la guerra e poi ripiantati.

Ma questo spirito non è svanito, non è recluso in un passato lontano: vive ancora oggi, forse trasformato, per certi versi reinterpretato dai nuovi abitanti; persone che non necessariamente sono nate qui ma che hanno scelto questo posto, vi si sono trasferite anche da luoghi lontani.

*Via Cavour* è una metafora del mondo. L'antico quartiere dei *bottari* pulsa ancora in questa stradina piena di vita. C'è la boutique francese che vende l'olio buono, le marmellate siciliane e le primizie della Provenza; l'antiquario inglese con i suoi mille orologi ed eccentrici souvenir che, anziché ricordare la città, evocano paradossalmente luoghi lontani, come se non fossero destinati ai turisti ma a coloro che abitano qui, per donare loro l'illusione di un viaggio: souvenir immaginari da città invisibili. C'è il negozio brasiliano di riciclaggio creativo, dove la buccia di un'arancia può diventare un portagioie o quella di un uovo l'involucro colorato di un candelabro, e ancora l'artista delle in-

---

[14] "Vedete quanto può un pelo (o un capello) di femmina! / Due paladini che sono due pilastri, / a causa della bella Angelica, / sono diventati due nemici fieri", strofa iniziale de *Lu cummattimentu di Orlandu e Rinardu* di Nino Martoglio, *Centona*, 2008, p. 299.

cisioni che moltiplica in forma di disegno Ortigia, i suoi scorci, le sue atmosfere, ma che porta qui anche ricordi di viaggi e immagini del mondo. C'è l'osteria con i suoi quattro tavoli dove mangiare con il calore d'una casa, la lavanderia in cui s'animano conversazioni al vapore d'un ferro da stiro, la pasticceria che in vetrina propone per iscritto cannoli espressi: una volta entrati, non potremo più fare a meno di ripetere l'esperienza.

In questa strada senza automobili scorrazzano gli animali dell'isola, quasi dandosi un appuntamento. La loro particolarità sta nell'essere selvatici e domestici insieme: c'è un cane a tre zampe che corre come se ne avesse sei, un altro che segue il padrone portandogli il giornale in bocca; può accadere di passeggiare per Via Cavour e incrociare un pappagallo – Ciccio, sfuggito dal negozio di animali –, mentre gatti panciuti dormono sotto le macchine in estate e sui cofani ancora caldi in inverno.

Questa via di artisti-artigiani, orafi, incisori, ceramisti, è un luogo in cui passeggiare lentamente, in cui riscoprire ritmi che sembravano perduti e con essi ritrovare la cura dei rapporti umani, delle piccole cose, dei dettagli. I negozianti non rinunciano mai, qui, al piacere della conversazione, con chi compra, con chi guarda, con il cliente abituale come con l'avventore occasionale. Si è un po' filosofi e un po' pigri, in questa strada. Facilmente troveremo due sgabelli e il tavolo bicolore su cui si muovono le pedine nemiche. Le due persone chine sulla scacchiera paiono strateghi in incognito immersi nel silenzio; sullo sfondo, un negozio che profuma di mare anche se i pesci sono fatti di ceramica dipinta, mentre reti appese ondeggiano indolenti sulla via, trasformate in tende. Atmosfere che diventano rivelazioni.

Si è sempre in viaggio, qui. Ci si può sedere a un bistrot francese e sentirsi in costa azzurra o scegliere la più tipica cucina siciliana; possiamo trovare facilmente compagnia, liberi dagli usuali schermi di diffidenza cui la convivenza "civile" ci ha abituati, o scegliere di rimanere soli, seduti a un tavolo per ore mentre passanti in bici zigzagano per le strade, frotte di bambini giocano a calciare un pallone in Via Minerva o stanno seduti ai lati della Cattedrale, a parlare e a fare i compiti, sulla pietra che appartenne alla dea Atena.

Chi vive qui, oltrepassando i ponti per rientrare sull'isola si sente come chi sia arrivato a casa e abbia indossato gli abiti comodi, perché prima ancora di essere un luogo fisico Ortigia è un modo di vivere. Qui è lo scrigno che custodisce intatto il *genius loci* di Siracusa, il suo spirito, la sua essenza: senza di lei la città dimenticherebbe se stessa, smarrirebbe il suo nome, sarebbe una tra le tante, sommersa da selve di palazzi, reclusa dal mare che pur la tocca in ogni sua parte.

Forse, anche per questo Ortigia è il posto in cui chi si sente smarrito può ritrovare se stesso, in cui si ritorna un po' bambini, si ritrova la strada della fantasia, il pulviscolo delle farfalle, e un pizzico di liberatoria follia.

# P

# Platone

> L'inferno dei viventi non è qualcosa che sarà; se c'è n'è uno, è quello che è già qui, l'inferno che abitiamo tutti i giorni, che formiamo stando insieme. Due modi ci sono per non soffrire. Il primo riesce facile a molti: accettare l'inferno e diventarne parte fino al punto di non vederlo più. Il secondo è rischioso ed esige attenzione e apprendimento continui: cercare e saper riconoscere chi e cosa, in mezzo all'inferno, non è inferno, e farlo durare, e dargli spazio.
>
> Italo Calvino, *Le città invisibili*

Era il 388 a.C. quando Platone vide per la prima volta scintillare lo scudo d'oro di Atena dall'acroterio del tempio, sull'acropoli di Ortigia, la città-fortezza di Dionisio. Il filosofo aveva solo quarant'anni, ma era già stato testimone di molti fatti straordinari.

Nato ad Atene quando questa sembrava ancora il centro del mondo, aveva visto vacillare la gloria della città fino al suo crollo, nella feroce guerra contro Sparta. Aveva assistito al bagno di sangue provocato dal colpo di stato oligarchico dei trenta tiranni, tra cui era suo zio Crizia, e visto la restaurata democrazia farsi turbolenta, involgarirsi nelle strategie corrive della demagogia, quando fiumi d'oro circolavano come un veleno corruttore per le mani dei magistrati e la parola diventava inganno nel discorso dei venali sofisti.

Era di famiglia nobile, Platone, lo dicevano discendente del mitico re Codro e del grande legislatore Solone; crebbe nell'amore per le arti e la bellezza, dentro cerchie di amicizie e frequentazioni aristocratiche, tra i rampolli delle élite del tempo. Poi tutto cambiò, nell'incontro con Socrate, l'uomo che cercava la verità trascorrendo il tempo nei ginnasi e nella piazza, a dialogare. Era umile e benevolo, Socrate, quando si avvicinava alle persone, come un ignorante che voglia istruirsi; ma poi, di domanda in domanda, smascherava pregiudizi, convinzioni errate, menzogne. Infine salutava, rispettosamente, e ringraziava sorridendo gli interlocutori; amava congedarsi dichiarando che "sapere di non sapere" è la sola vera sapienza.

È Platone a descriverlo, a renderlo vivo proprio facendo di lui un personaggio indimenticabile dei suoi dialoghi; Socrate, il saggio che nel *Fedro* pronuncia una preghiera universale, la quintessenza di un pensiero che è anche stile di vita:

> O caro Pan e voi altri dèi che siete in questo luogo, concedetemi di diventare bello di dentro, e che tutte le cose che ho di fuori siano in accordo con quelle che ho di dentro. Che io possa considerare ricco il sapiente e che io possa avere una quantità di oro quale nessun altro potrebbe prendersi né portar via, se non il temperante[1].

Platone vide morire il suo maestro, condannato dal tribunale dell'Areopago perché «non venerava gli dèi e corrompeva i giovani»: dopo aver trascorso l'intera esistenza a combattere l'ingiustizia, a smascherare l'ipocrisia, Socrate se ne andò circondato dai suoi allievi, bevendo la cicuta. Con la sua stessa vita aveva scoperto che gli uomini perdonano tutti i vizi ma non coloro che li mettono a nudo, e forte anche di questa consapevolezza si era "congedato" con uno spirito saldo e privo di paura dinanzi ai giudici che lo avevano condannato:

> Ma anche voi dovete, giudici, nutrire buone speranze di fronte alla morte, e pensare che una sola cosa è vera, e cioè che un uomo buono non può ricevere male alcuno, né in vita né in morte, e che le sue vicende non sono ignorate dagli dèi. (...) Ma è tempo ormai che andia-

---

[1] Platone, *Fedro*, 279 B-C.

*Ortigia, Tempio di Apollo* (*particolare*).
Foto di Mario Dondero

mo, io a morire, voi a vivere ancora: chi di noi vada verso il meglio, non lo sa nessuno, tranne Dio[2].

È proprio allora che il "giovane" Platone, vedendo le leggi e la città svilirsi al punto da condannare un uomo giusto e saggio, inizia a maturare l'idea che gli uomini possano liberarsi dal male solo se ai vertici del potere politico giungano i filosofi, o se almeno i potenti si convertano alla filosofia.

Quando Platone si ritrova di fronte a Dionisio (vedi voce *Dionisio*), a Siracusa, in quel giorno del 388 a.C., sono questi i suoi pensieri, ma le speranze che nutre hanno breve durata. Non sembra veritiero l'aneddoto secondo cui Dionisio, non apprezzando le critiche di Platone, lo abbia fatto vendere come schiavo a Egina, ma sta di certo che il tiranno e il filosofo non si piacciono. Lo racconta bene Diogene Laerzio a proposito del

[2] Platone, *Apologia di Socrate*, 41-42.

loro incontro: «Ma quando Platone conversando sulla tirannide affermò che il diritto del più forte aveva validità solo se fosse stato preminente anche in virtù, allora il tiranno si sentì offeso e, adirato, disse: "Le tue parole sanno di rimbambimento senile", e Platone: "Ma le tue sanno di tirannide"»[3].

Per la verità, il filosofo non rimane turbato solo dall'atteggiamento del tiranno; anche i Siracusani suscitano in lui una pessima impressione:

> Quando vi fui giunto, subito mi dispiacque quel genere di vita che si usa là definir felice dagli Italioti e dai Siracusani, una vita piena di banchetti: quell'abbuffarsi due volte al giorno, quel non dormire mai soli la notte e tutte le occupazioni che van d'accordo con questo. Non vi è sotto il cielo un sol uomo che possa divenire saggio se viva in simili costumi sin dall'età giovanile – non c'è natura, per mirabile che sia, capace di resistere a ciò – né che possa acquistare un vero sapere, ed egualmente si dica per ogni virtù. Né vi è città che possa vivere in pace sotto le sue leggi, di qualunque tipo esse siano, se gli uomini che le abitano credano bene di dissipare le loro sostanze in spese iperboliche, e di dover condurre vita inattiva se non sia per ciò che riguarda i banchetti e i simposii, e darsi fatica solo per l'amore: è certo che simili città non cesseranno mai di fare cambiamenti di regime da tirannide a oligarchia a democrazia, e gli uomini che in esse sono al potere non potranno mai tollerare di udir il nome di un governo basato su giustizia e uguaglianza[4].

Forse li avrà immaginati, i Siracusani, come gli uomini di un suo celebre racconto[5] – uno di quei miti con cui amava spiegare la vita – prigionieri dentro una caverna, in ceppi, con il viso rivolto verso la parte più buia dell'antro e le spalle all'uscita, così illusi da confondere con la verità le ombre proiettate sul muro dai passanti lontani. E avrà sperato che qualcuno si liberasse ac-

---

[3] Diogene Laerzio, *Vite dei filosofi*, III, 18.

[4] Platone, *Lettera VII*, 326 B-D.

[5] Il celebre "Mito della caverna" contenuto nel VII libro della *Repubblica* di Platone, capitoli 514 A-517 A.

corgendosi dell'inganno, di quella illusione dei sensi, e corresse verso l'uscita, finalmente in grado di aprire gli occhi nella luce chiara del sole, nella luce del bene... così libero da poter liberare gli altri.

Tra i Siracusani Platone individua da subito un giovane brillante, appassionato di filosofia: Dione, cognato di Dionisio il Grande ma molto diverso da lui; ed è proprio Dione a invitarlo di nuovo, vent'anni dopo, quando, morto il tiranno, il regno passa nelle mani del giovane erede Dionisio II. Ma al suo ritorno a Siracusa, nel 367 a.C., Platone ha in mente un grandioso progetto politico: ha già immaginato e descritto la Città Ideale in ogni particolare dandole forma attraverso una poderosa opera filosofica che è nel contempo un racconto appassionante e drammatizzato[6].

La *Repubblica* di Platone è ambientata in una casa al Pireo, il porto di Atene, di proprietà del ricco meteco Cefalo, produttore di armi; ci sono i due figli del padrone di casa, Polermarco e Lisia (il famoso oratore di origine siracusana), il sofista Trasimaco, il maestro Socrate e anche i fratelli di Platone, Glaucone e Adimanto. I personaggi parlano della giustizia, del bene, del potere, del rapporto tra uomini e città e dell'intimo legame che li unisce; progressivamente, infatti, i confini tra anima e città sfumano sino a rendere l'una metafora e specchio dell'altra, come fossero composte della stessa materia, poiché sono medesimi gli

[6] Negli anni compresi tra i due viaggi a Siracusa, Platone si dedica anima e corpo alla filosofia e approfondisce il suo pensiero dando vita a due opere straordinarie: una scuola e un libro, l'Accademia e la *Repubblica*. Con lo scopo di preparare alla filosofia i futuri "veri politici", Platone aveva acquistato, ad Atene, un terreno e un edificio dove tenere le lezioni, ma anche vivere e mangiare insieme con i discepoli-studenti, come in una comunità. Ben oltre l'orizzonte socratico, vi avevano fatto ingresso nuove discipline, come l'aritmetica, la geometria, l'astronomia; erano giunti, ospiti, medici provenienti dalla Sicilia, vi erano costantemente dibattiti in cui ai giovani studenti si affiancavano anche quelli più anziani.

effetti nelle anime e nelle città che sottomettono la ragione alle passioni.

Platone vede la sua Callipoli con gli occhi della mente e continua ad alimentarne il sogno anche attraverso le aspirazioni, le illusioni, le delusioni vissute nei suoi viaggi siracusani: la metropoli dei Greci d'Occidente diviene *alter ego* e antitesi di Atene, il luogo in cui per un istante gli sembra possibile realizzare un primo passo verso il progetto d'una città protetta da guardiani vigorosi educati all'arte e all'armonia, e governata dai filosofi, gli illuminati che perseguono il bene[7].

Quando viene invitato a Siracusa, Platone spera che Dionisio II sia uno di loro e vagheggia la possibilità di intraprendere il suo progetto attraverso la conversione di un governante alla filosofia; anzi, per certi versi pensa che questo espediente possa essere una scorciatoia, si illude che convincere un solo uomo possa rivelarsi sufficiente ad assicurare il più felice degli esiti.

Nonostante ciò la scelta è travagliata, non è facile mettersi in viaggio, accettare l'invito, poiché sa «quanta costrizione si mescoli sempre alle preghiere di un tiranno». Inizialmente le cose sembrano andare bene, quando la reggia che era stata luogo di bagordi e festini si trasforma in un luogo di studi aperto agli amanti della filosofia; ma alcuni temono pericolosi cambiamenti, come i militari guidati dal generale Filisto, la Guardia personale del tiranno. Cominciano così a fomentare discordie,

---

[7] Platone immagina una classe di custodi-guardiani che proteggano gli abitanti, incluse quelle classi popolari tipiche di ogni città "ordinaria", gli artigiani e i contadini. Descrive i guardiani come capaci di articolare il discorso, armoniosi fisicamente, eleganti, istruiti attraverso la ginnastica, la musica, l'arte. Sono loro il "braccio" dei filosofi, i governanti per i quali Platone crea un "piano di studi" ben diverso, basato sulle stesse "scienze forti" studiate nella sua Accademia: aritmetica, geometria, astronomia. Non vi è famiglia tra i guardiani e i filosofi di Callipoli, se non una immensa e indifferenziata comunità; non vi è religione, poiché il governo spetta alla ragione, agli uomini illuminati che perseguono il bene.

istillare sospetti su Dione, insinuando che stia in realtà distraendo Dionisio II con la complicità di Platone per impadronirsi del potere.

Lo scenario cambia rapidamente.

Dopo aver trovato compromettenti lettere dei Cartaginesi a Dione, Dionisio accusa lo zio di tradimento e lo caccia da Siracusa, mantenendo invece verso Platone un comportamento benevolo e pregandolo di rimanere. In breve tempo il filosofo si trova ostaggio nella fortezza-Ortigia, nella sua residenza sull'acropoli vicina al Palazzo: chiamato ospite, nei fatti è un prigioniero che nessun comandante di nave porterebbe mai via senza l'assenso del tiranno. Dal suo canto, Dionisio, accecato dalla vanità e dall'invidia, vuole a tutti i costi l'ammirazione di Platone, sogna di diventare il suo allievo prediletto e prendere il posto di Dione: il filosofo si trova dunque stretto nella morsa del ricatto morale e cerca di assecondarne gli umori, nella speranza che Dione sia richiamato in patria e non subisca ulteriori ritorsioni.

Ma anche quando riesce a partire da Siracusa grazie ad alcune difficoltà politiche che distraggono il tiranno dalle "attenzioni" nei suoi confronti, Platone rimane una vera e propria ossessione per Dionisio, che dopo poco tempo lo richiama a sé, manda persino una trireme a prenderlo, lo ricatta minacciando di privare Dione delle sue sostanze.

Per la terza volta, nel 361 a.C., Platone torna a Siracusa, ma ogni viaggio diventa più inutile e doloroso: la città-musa è ormai diventata la città-trappola, il sogno della città ideale si è smarrito nei labirinti dell'illusione e dell'autoritarismo. Incontra ancora Dionisio, cerca di trasmettergli l'amore per la filosofia, ma in lui non trova mai la pazienza indispensabile a una vita filosofica, anzi vede ogni suo insegnamento svilito in un sapere stantio, superficiale, come una tintarella solare presa con troppa fretta:

> Chi ascolta, se è veramente un filosofo, e se è degno di una tale impresa, essendo di natura divina, troverà mirabile la strada che gli viene additata da chi parla, e si convincerà che bisogna in tutti i modi

> tendere a questo scopo, né si può vivere altrimenti (...). Quelli invece che non sono veramente filosofi, e si contentano di essere verniciati di opinioni filosofiche, come corpi che siano abbronzati dal sole, vedendo quante cose vi siano da apprendere, quanta sia la fatica e come la vita di ogni giorno debba essere ordinata per essere conveniente a tale occupazione, non sono neanche capaci di attendervi con costanza e alcuni di loro si persuadono addirittura di aver ascoltato abbastanza[8].

La smania di apparire filosofo vince su tutto nel cuore di Dionisio II, che scrive a propria firma un breve trattato in cui raccoglie, banalizzandoli, alcuni insegnamenti appresi da Platone, mentre questi continua ad abitare in Ortigia, condannato a vedere le navi salpare «come un uccello che non desidera altro che volarsene via». Per di più, gli sforzi di Platone si riveleranno inutili poiché il tiranno non richiamerà mai in patria Dione, privandolo invece di buona parte dei suoi averi e persino della moglie, data in sposa a un altro uomo.

Anche il filosofo rischia la vita quando, cacciato dall'acropoli, è lasciato in balia dei mercenari: sarà salvato solo grazie all'intervento dei Pitagorici di Taranto e, finalmente, lasciato libero di tornare ad Atene.

Se è vero che l'anima è come una biga il cui auriga (la ragione) tiene in equilibrio il nero cavallo degli istinti e il bianco destriero delle passioni più nobili[9], quella di Dionisio era sfuggita al controllo perdendo ogni misura, era stata trascinata verso l'oscurità e con sé avrebbe portato anche quella dell'antagonista Dione. La sequela di soprusi subiti spinge infatti l'allievo di Platone a preparare un colpo di stato che causa, dopo la sconfitta di Filisto in una battaglia navale, anni di contrasti e massacri,

---

[8] Platone, *Lettera VII*, 340 C-D.

[9] Nel *Fedro* Platone descrive l'anima come costituita da una parte razionale (l'auriga), una passionale (il cavallo nero) e una volitiva (il cavallo bianco).

confische, passaggi di proprietà e movimenti di mercenari che portano il "regno" al collasso. A questo punto, alcuni iniziano a sospettare che Dione voglia impadronirsi del potere, sebbene questi dichiari di essere venuto a Siracusa da liberatore, né ci è dato sapere se egli sia stato il sovrano illuminato amante della patria e della virtù descritto da Platone o invece un uomo intelligente, carismatico e ambizioso. Troppo poco detenne il potere, e coloro che lo avevano ospitato in Grecia e aiutato nel colpo di stato a Siracusa[10] sarebbero stati i suoi traditori, i suoi assassini.

Platone si trova così dinanzi a un dolore e a una sconfitta, e affida la sua tormentata testimonianza alla *Lettera VII*, ripercorrendo le tappe dei suoi viaggi e appellandosi a un'idea della legge sempre più astratta, simile al controllo e alla coercizione, diversa dal modello pedagogico di cui aveva visto in qualche modo il fallimento. Come in un flashback "vede" i giorni siracusani, l'impatto con la città, l'illusione, la prigionia, lo sfacelo; richiama i cittadini alla temperanza, invita Dionisio a creare con gli esseri umani rapporti di fiducia e lealtà piuttosto che di convenienza, coercizione e potere. Infine, elogia Dione, certo che avrebbe fatto di Siracusa una città libera, pur non avendone condiviso l'iniziativa militare.

Nonostante la città di Platone risieda "altrove", per Siracusa egli ebbe un'innegabile, fatale attrazione; in qualche modo la scelse, come profondamente si sceglie ogni cosa che accade nella propria vita: lo dice lui stesso, al termine della *Repubblica*, attraverso le parole del guerriero Er che torna dalla morte a raccontare l'aldilà.

Laggiù, ascoltando Lachesi[11], la divina filatrice che concede le sorti e i paradigmi di vita, Er aveva appreso come ognuno (non altri, non il dio) scelga il proprio destino, per abitudine, per attitudine, spinto dai propri desideri, anche commettendo

---

[10] Timonide e Callippo.

[11] Platone, *Repubblica*, X, 617 D-E.

terribili errori. Così accadde a colui che volle per sé la vita di un tiranno[12], bramoso come era di potere e ricchezza, senza accorgersi che “era scritto” che avrebbe divorato i suoi figli. Altri invece scelgono per antitesi, come Aiace, l’eroe che, disgustato dalle ingiustizie degli uomini, volle essere un leone, o come Ulisse, stanco del prezzo della fama e contento della vita di un semplice sconosciuto.

Così, anche il nostro filosofo-autore sapeva di aver scelto la sua vita in un altrove dimenticato, con tutti gli espedienti necessari a realizzare il proprio destino.

Poco importa se Siracusa lo abbia deluso; anche attraverso il loro incontro era ormai nato il mito della città-anima, quel luogo solo interiore che nei secoli ha volto a sé pensatori e utopisti, politici e idealisti, sognatori e persino fautori di inquietanti esperienze politiche.

E questa città interiore, divina più che umana, esisterà sempre.

[12] La scelta dei paradigmi di vita è raccontata alla fine del X libro, nei paragrafi 619 C-620 B.

# Q

## Quadro: nozze divine

Vergine Madre, figlia del tuo figlio,
umile e alta più che creatura,
termine fisso d'etterno consiglio,

tu se' colei che l'umana natura
nobilitasti sì, che 'l suo fattore
non disdegnò di farsi sua fattura.

Dante, *Paradiso*

I Greci lo chiamavano *hieròs gàmos*, il matrimonio sacro tra gli dèi che diedero origine al mondo. Così Urano, dio-cielo, si unì alla sua sposa Gaia, madre-terra; così fecero Zeus ed Era, distesi su un immenso letto di fiori. Ci sono dee innamorate di uomini, come Afrodite la bella invaghita di Anchise, da cui nacque Enea il Troiano; a Peleo si unisce Teti, la liquida dea madre d'Achille. Sembra impossibile contare le sacre unioni di Zeus con donne mortali, "nozze" sovrannaturali e insieme carnali, ai limiti della violenza. Possiamo vederle, come in una pinacoteca immaginaria creata dal virtuosismo di antichi poeti. Ecco Zeus il mutaforme, trasformato in toro, biondo, con un cerchio bianco sulla fronte: emana un profumo più intenso di quello dei fiori per ammaliare la giovane Europa; altrove lo troviamo in forma di cigno per possedere Leda sotto le sue ali. Ecco Danae, invasa dalla pioggia d'oro del dio, o Asteria presa dall'aquila…

Poi tutto cambiò. Gli dèi svanirono per lasciare spazio all'unico Dio e a quell'amore universale riservato per sempre allo spirito. I corpi nudi si coprirono, o se ne perse l'immagine. L'*Annunciazione* racconta la *ierogamia* di questo nuovo universo religioso che un evangelista consegnò alla memoria dei fedeli e al pennello dei pittori più grandi.

C'è un messaggero, in questa storia, che viene mandato da Dio in una città della Galilea detta Nazareth, presso una vergine sposata a un uomo della casa di David di nome Giuseppe. La vergine si chiama Maria. Quando si trova dinanzi a lei, l'Angelo Gabriele le dice: «Salute, o piena di grazia: il Signore è con te... Benedetta tu tra le donne!». Lei rimane turbata da questo arrivo imprevisto, da quel saluto che non riesce a decifrare.

Allora Gabriele il messaggero aggiunge: «Non temere Maria, perché hai trovato grazia presso Dio; ecco, tu concepirai nel seno e partorirai un giglio e gli porrai nome Gesù. Questi sarà grande e sarà chiamato Figlio dell'Altissimo e il suo regno non avrà mai fine». «Come avverrà questo se io non conosco uomo?» gli chiede la donna. E l'Angelo: «Lo Spirito Santo scenderà in te e la potenza dell'Altissimo ti adombrerà, per questo il Santo che nascerà da te sarà chiamato figlio di Dio». Maria ascolta, Maria acconsente, Maria accoglie il messaggio divino e parla ancora, proferisce poche parole, con semplicità e fermezza: «Ecco l'ancella del Signore. Si faccia di me secondo la tua parola».

Siamo dentro un passo del Vangelo di San Luca (1, 26-38), siamo dinanzi al quadro di Antonello da Messina conservato a Siracusa nella *Galleria Regionale di Palazzo Bellomo*, l'*Annunciazione*. La Vergine con manto azzurro, in ginocchio, le mani incrociate sul petto in atto di inchinarsi all'annuncio, il capo piegato, il volto disteso in un sorriso, davanti al leggio su cui è posato il libro delle preghiere. Di fronte a lei l'Arcangelo, in ginocchio, con la mano levata, benedicente. Maria e Gabriele sono i protagonisti di questo dramma, l'uno davanti all'altro, con i volti appena ruotati verso noi che li guardiamo, come se potessimo udire le parole che stanno pronunciando. Gabriele è di tre quarti, si approssima al profilo e sfuma nell'ombra; Maria è quasi frontale, investita dalla luce, sta dando il suo assenso.

È questo il quadro che in un atto del 23 agosto del 1474 il pittore si era impegnato a consegnare al committente Giuliano

*Antonello da Messina,* Annunciazione.
Foto di Daniele Aliffi

Maiuni da Palazzolo, entro pochi mesi: doveva misurare sette palmi (1,80 metri) e rappresentare un'immagine dell'Annunciazione, con la Vergine Maria, l'Angelo Gabriele, Dio Padre. Rispetto alla dichiarazione espressa nel documento, nel quadro manca però qualcosa, e questa omissione è particolarmente degna di nota poiché il grande assente è proprio Lui, il Padre: Dio è sottinteso, sono visibili solo gli effetti della sua figura. Ma se Egli rimane in un imperscrutabile altrove celeste, una presenza quasi fantasmatica, in volo, coglie la nostra attenzione quando, avvicinandoci, notiamo la colomba simbolo dello Spirito Santo in un effetto di trasparenza che ne rende tutta l'immaterialità.

Il Dio-colomba sta per raggiungere la Vergine, il Verbo sta

per incarnarsi. In testa al raggio di luce che attraversa il vetro della stanza sta giungendo all'orecchio destro della fanciulla di Nazareth, china al suo inginocchiatoio. E colpisce come questa presenza divina sia quasi sdoppiata in due immagini sovrapposte e insieme lievemente sfalsate, una colomba bianca e una appena screziata di rosso, un colore inatteso che ne turba il candore e in qualche modo complica il significato dell'evento cui stiamo assistendo. Il raggio rosso del volo taglia il cielo oltre la finestra, torna nelle vesti dell'Angelo, nelle sue ali screziate di tinte forti.

Sembra intravedersi un duplice messaggio in questo quadro, anche nell'Angelo che non porta il giglio, consueto per questa scena, ma reca nella mano sinistra un ramo di palma, simbolo del martirio e insieme della vittoria sulla morte. C'è un messaggio di vita, un presagio di morte, una promessa di eternità.

Antonello tornerà più volte a raccontare lo stesso brano del Vangelo, fermandosi nel medesimo istante; all'*Annunciazione* di Siracusa fanno eco le due *Annunciate* di Palermo e di Monaco, quasi a comporre un triangolo magico: bisognerebbe vederle in sequenza in un itinerario geografico e pittorico, queste tre Madonne di Antonello, sentirne le affinità, le differenze. Se nel quadro siracusano la scena è completa, vista quasi dall'esterno, nelle due *Annunciate* ci è dato vedere soltanto la Madonna, frontale dinanzi a noi: siamo entrati in scena, siamo "diventati" l'Angelo...

L'*Annunciata* di Monaco somiglia alla Madonna siracusana, ha lo stesso atteggiamento con le mani incrociate sul petto, sebbene sia più evidente la tensione nei muscoli del collo e nelle labbra leggermente dischiuse, tra l'assenso e lo stupore.

Nel quadro conservato a Palazzo Abatellis, a Palermo, la mano e la spalla destra di Maria si offrono più vicine a noi, mentre un leggero soffio di vento scompiglia le pagine del libro, le fa aprire e girare. Sembra più terrena, questa Madonna, forse per quella delicata compresenza di sacralità e reticenza – la destra sospesa in gesto ieratico, la sinistra che chiude i lembi della mantella, lo sguardo assorto, il sorriso indecifrabile. Ha una sua particolare carnalità che a Sciascia ricordava le ragazze del popolo, probabili modelle, come tradisce «la piega della mantellina che sa di capo conservato nei cassetti». È velata come usava un tempo, in Sicilia, con un colore che non era mai casuale: bianche le donne aristocratiche, nere le donne del popolo, azzurre le ragazze. Azzurre, dice Sciascia, «come le annunciate di Antonello: ragazze contadine che sanno di chiostro e di ovile, di quelle che nella settimana santa venivano scelte a rappresentare la Madonna o la Maddalena ai piedi della croce»[1].

Per molto tempo l'*Annunciazione* è rimasta "nascosta", fino a quando nel 1897 fu "riconosciuta" da un funzionario del Regio Museo che da Siracusa si era recato fino a Palazzolo Acreide, quando non si impiegavano meno di sei ore prendendo la corriera a cavalli. Il quadro era lì, nello stesso luogo in cui era stato eseguito, la chiesa della *Santissima Annunziata* (ricostruita in seguito al terremoto), non più dinanzi all'altare maggiore come un tempo ma relegata in un angolo buio, usurata dai secoli, sciupata dall'umidità e dalla dimenticanza. Nel 1907 il quadro viene acquistato a Siracusa, per circa 700 lire, quando si pensa di separare le collezioni archeologiche del Regio Museo da quelle artistiche, cosa che di fatto accadrà solo nel 1940. Da allora la *Galleria di Palazzo Bellomo* è la "casa" della *Annunciazione* di Antonello da Messina, quadro che negli ultimi decenni ha visto molteplici e difficili interventi di restauro.

Siamo dinanzi a quest'opera bella e tormentata. Tutto accade in una stanza, dentro una casa, non in una chiesa come dipinsero altri. C'è una colonna centrale che scandisce lo spazio, un pavimento a scacchi e finestre con inferriate a croce attraverso cui si vede il paese. Dietro la mano di Antonello vediamo la lezione di Piero della Francesca e dei maestri fiamminghi, ma c'è dell'altro.

---

[1] Leonardo Sciascia, "L'ordine dalle somiglianze", in *Delle cose di Sicilia. Testi inediti o rari*, 1996, vol. II, p. 243.

C'è una meravigliosa «regia dell'ombra»[2] in questo quadro, creata con la complicità di una molteplice fonte di luce – un fascio luminoso da sinistra, l'altro proveniente dalle finestre – che rade le travi del soffitto, le accende in controluce, addensa ombra sugli scuri e nell'ambiente facendo risaltare la chiarità delle figure in un raggio che sembra esistere solo per loro. Gli oggetti si stagliano in un tempo sospeso, scintillano nel gioco del chiaroscuro, evidenti in ogni dettaglio: il legno intagliato del leggio, il vaso di maiolica di Malines ai margini del pavimento, il ricco e lucente broccato delle vesti, il biancore delle pagine del libro e della tovaglietta. Oltre le finestre gli alberi, virgole di colore. E persone in una campagna che è quella iblea. In lontananza si scorge una barca, bambini che giocano, donne: la vita che scorre, come Antonello amava rappresentarla, anche dinanzi a eventi epocali, come quel porto di Messina che fa da sfondo, insieme alle isole Eolie, a una crocifissione, o la piazza di una città che continua a vivere attraverso i suoi abitanti, anche durante il martirio di San Sebastiano, mostrandoci quanta acquiescenza possa accompagnare un delitto.

Guardandoci intorno ci stupisce notare come la sala del museo somigli alla stanza dipinta in questa *Annunciazione*, con le sue travi a vista, la finestra, le colonne e i raffinati decori di gusto catalano. Sembra un quadro dentro un quadro, al punto da farci dimenticare la strada che abbiamo percorso per arrivare sin qui, la scala di pietra a cielo aperto e il loggiato che conducono al primo piano, gli archi che abbiamo attraversato, le palme che hanno raccolto l'ombra per noi, giù nei cortili del magnifico palazzo...

L'enigmatico pittore di Messina ci ha catturato e non ci lascia andare via.

[2] Cfr. *Antonello da Messina, l'opera completa*, a cura di Marco Lucco, 2006, p. 144.

# R

## Ristoro

Accanto pose un bel tavolo e un canestro
e una coppa di vino, perché bevesse quanto voleva.
Sui cibi pronti e imbanditi stesero tutti le mani.
Ma quando furono sazi di cibo e bevande,
la Musa ispirò l'aedo a cantare gesta di eroi,
una storia la cui fama giungeva allora al cielo infinito.

Omero, *Odissea*

Il materasso si apriva sotto di lui in modo ch'egli profondò tiepidamente fra due onde di lana che gli assieparono i fianchi.

Vitaliano Brancati, *Don Giovanni in Sicilia*

La "porta" di Ortigia è una piazza fatta d'alberi e palme, chioschi e tassisti che aspettano all'ombra, davanti a bar colmi d'una atmosfera tutta domestica, tra un ronzio di motorini e persone affaccendate, o cricche sedute sulle panchine a parlare, guardando questo spaccato di vita. Appena più avanti, uno spiazzo assolato si affaccia sul tempio più antico di Siracusa.

È ancora un luogo in cui darsi appuntamento il *Tempio di Apollo*, come si faceva 2500 anni fa, quando quella che oggi si chiama *Piazza Pancali* era l'agorà della città greca. Un'iscrizione del VI secolo a.C., incisa sul gradino del lato est del tempio, ci svela i nomi degli artefici: Kleomenes, l'architetto, ed Epikles, autore di quelle colonne che sembrano fatte da titani, mentre svettano ancora intatte, ricavate da un unico blocco di calcare anziché risultare da innesti di tamburi sovrapposti, come nei

*Scorcio del Tempio di Apollo e di una successiva porta normanna, oggi "finestra sul mercato".* Foto di Mario Dondero

templi di costruzione successiva. Sono poderosi tagli di roccia le colonne, piene di una esuberanza tutta arcaica, con quegli eccessi vibranti di vitalità: il Tempio di Apollo era un gigante lungo cinquantotto metri e largo ventiquattro, con sei colonne frontali in doppia fila e diciassette laterali. Attraverso i secoli fu poi molte cose: chiesa bizantina, moschea, basilica normanna, caserma delle armate spagnole, di nuovo chiesa.

Costeggiamo il lato sud per ammirare il portale che si apre proprio nella cella del tempio, un ingresso di fattura normanna che oggi appare come una finestra, essendo mutato il livello del terreno. Bisogna che sia mattina per assistere da questa "finestra" un po' magica a una straordinaria quanto inaspettata visione. Fermiamoci...

Eccolo, come incorniciato nella pietra, il vecchio mercato di Ortigia, con le sue tende, gli ombrelloni colorati a riparare due lunghe file di bancarelle e un fiume di persone che lo attraversa su uno sfondo di mare. Nei giorni di pioggia e di vento, lampade accese dondolano sotto le tende di queste botteghe che non si fermano mai.

Basta fare pochi passi, seguendo il filo dello sguardo, per oltrepassare il tempio ed entrare nel quadro vivente che poco prima stavamo osservando. Attraversare il mercato è un'esperienza sempre nuova, sempre diversa. Si può venire qui per comprare o anche solo per riempirsi gli occhi di immagini, ascoltare queste voci potenti che celebrano i prodotti e con essi la vita, ora esagerando con una certa millanteria, prospettando occasioni d'oro come se volessero regalare tutto, quasi "ispirati" da una improvvisa follia. E ognuno ha una storia da raccontare, se c'è il desiderio di sentirla, storie di vita e di lavoro, di fatica ma anche di saggezza acquisita; è un luogo dove trovare ricette, il mercato, e dove curarsi la malinconia, mentre mani generose ci porgono primizie da assaggiare, aspettando il nostro consenso, un'opinione, senza pretendere niente indietro – ma con la certezza chissà come che compreremo qualcosa. Allora questo luogo sa essere un balsamo curativo: non è solo colorato, folkloristico; è affettuoso, è umano il mercato di Ortigia. Ha un suo cuore che lo rende speciale.

Qui le bancarelle raccontano il trascorrere delle stagioni quando i cachi, le melagrane, i fichi d'India cedono il passo al melone bianco, alle dolci mele dell'Etna, agli agrumi, a quella cascata d'arance che inonda gli inverni siciliani. Arance da spremere e mangiare a spicchi, o in magnifiche insalate, con cipollotti freschi e prezzemolo, chicchi di melagrana, olive e finocchi, condite con olio sale e peperoncino. Un sapore indimenticabile, il sole in bocca.

Le fragole durano sempre troppo poco – ma sapremo consolarci in estate con l'anguria ghiacciata da mangiare per strada –, sfuggono di mano, come la primavera, appena il tempo di gustare magnifiche minestre di fave piselli e carciofi, per scoprire che la buona tavola a volte sa costare così poco, anche nella difficile era dei consumi.

*Il mercato di Ortigia.*
Foto di Mario Dondero

I banchi delle pescherie rivoltano il mare come un guanto e ci svelano i suoi abissi, tra polpi e seppie annerite dalla lotta per salvarsi, crostacei che impercettibilmente continuano a muovere le loro armature, il pesce azzurro, lucente, metallico. Ecco la serpentina lampuga d'argento e accanto una cernia, l'imbronciata principessa dei mari, i frutti di mare, scrigni di profumi e doni carnosi, ceste di saraghi, orate, merluzzi che sembrano evocare qualche miracolo biblico.

C'è una bottega, a metà del mercato, che rapisce i passanti con una curiosa segnaletica che *bandezza* silenziosamente i prodotti più svariati: non si può che accettare l'invito addentrandosi tra sacchi di farina d'ogni tipo – grano, mais, ceci, carruba – e ceste di mandorle d'Avola, con quel guscio spesso e legnoso che ne mantiene a lungo il sapore e che Sciascia paragonava all'ovale dei volti femminili di Antonello. Ci muoviamo tra contenitori di spezie che conservano gli odori del Mediterraneo – è bello respirarci dentro sino a stordirsi d'origano e timo, mentre aromi orientali raccontano la nuova gente della città –, saponi fatti da mani antiche, erbe curative, bottiglie d'aceto declinato in tutte le sue varianti, dal vino alle mele.

La Sicilia è da sempre terra di formaggi: qui arriva il gusto e la sapienza dei casari ragusani o di quelli ennesi. Proseguiamo verso la fine del mercato fino a raggiungere un piccolo caseificio e, subito dopo, un vero e proprio "atelier dei sapori". All'ingresso pesanti lingotti di caciocavallo ci restituiscono la visione che Ulisse e i suoi compagni dovettero avere nell'antro di Polifemo, quando vi trovarono graticci carichi di formaggi e brocche piene di latte. Qui, però, non incontreremo un mostro monocolo desideroso di mangiarci ma consiglieri valenti con cui parlare, assaggiando ciò che più ci incuriosisce: dal caciocavallo – il suo nome sembra derivare dalla consuetudine di appendere le forme in coppia a cavallo di una pertica – al pecorino nelle sue varie fasi di stagionatura; e ancora la tuma, che nelle focacce sposa sempre l'acciuga, la ricotta fresca o infornata, la ricotta salata, indispensabile per condire la pasta "alla Norma".

Particolare, per la sua forma schiacciata, la *Vastedda del Belice*, così chiamata perché frutto di un riciclaggio dalle forme di pecorino difettose, *vaste* (guaste); bisogna assolutamente assaggiare il *Piacentino*, giallo per via dello zafferano che ne è ingrediente di tutto rispetto, così chiamato non per derivazione geografica (nulla a che fare con Piacenza) ma proprio per quel suo gusto che lo rende "piacente".

Non bisogna aspettare d'essere cuochi per andare al mercato, perché esso stesso è scuola di cucina in cui fare esperimenti, chiedere ricette, cimentarsi in insoliti abbinamenti. Basta trovare la ricotta fresca e una manciata di gamberi per cucinare una pasta appetitosa e leggera, con gli ingredienti quasi a crudo (i gamberi vanno appena scottati), o del pesce spada da tagliare a tocchetti con il ciliegino di Pachino per un piatto di penne che si tingono d'esotismo con un'aggiunta di frutta secca, uva sultanina e menta fresca.

La cucina siracusana è forse tra le più semplici, qui in Sicilia.

Non vi è l'arabismo palermitano né l'opulenza catanese. Pesce arrostito, polpi serviti interi o in insalata con olio e limone, zuppe di pesce e frutti di mare. Ma anche piatti poveri, come gli spaghetti alla siracusana, conditi con un sugo a base di acciughe, aglio, salsa o estratto di pomodoro, con una spolverata di prezzemolo e peperoncino; fondamentale cospargerli di mollica di pane tostata. Se scolate la pasta qualche minuto prima, potete anche friggerla, fino a farla diventare una torta croccante da servire a fette.

Di questa ricetta esiste una variante oggi molto rara, che ricorda i dolci di miele arabi o ottomani, un piatto creato da un diplomatico, molto amato dal popolo nei momenti di festa come in quelli di carestia. Si racconta[1] che quando don Francesco Bonanno, principe di Cattolica e Roccafiorita (1735), consigliere aulico di Vittorio Amedeo di Savoia e di Carlo VI, doveva prendere una decisione importante per consigliare il sovrano, ordinasse al suo cuoco questa pietanza. Una congrua quantità di capelli d'angelo veniva cotta a fuoco lento per poi ottenere, girando e rigirando con il forchettone, polpette di pasta da friggere nello strutto (o nel burro) fino a dorare la parte esterna, caramellandola, e lasciando l'interiore morbida. A rendere speciali queste polpette, l'ingrediente "maestro": miele nero e caldo dei monti Iblei. Vale la pena di provarlo, questo piatto povero e principesco...

Passeggiamo ancora. Se tra i banchi della pescheria spiccano nere sequenze di seppie ancora odorose di mare, abbiamo la fortuna di assaggiare una delle pietanze più fascinose che sappia regalarci questo pezzo di mondo: la pasta col sugo nero. Al momento dell'acquisto è essenziale richiedere il sacchetto dell'inchiostro, perché è proprio questa potente arma difensiva, in grado di confondere l'avversario avvolgendolo nell'oscurità,

---

[1] Michele di Linguaglossa, "Pasta fritta alla siracusana", in Antonino Uccello, *Del mangiar siracusano*, 2000, p. 12.

a diventare l'Ingrediente del sugo che ha come base la salsa o l'estratto di pomodoro, a seconda della consistenza che si voglia dare all'intingolo. È il prezioso contenuto delle vescichette a dare colore al sugo e ad aggiungervi quella fragranza marina, insieme alle seppie che vi cuociono dentro, tagliate a strisce così da essere assaporate insieme alla pasta.

La terra e il mare possono mescolarsi in infinite forme, come le sarde e il finocchietto selvatico, i gamberi e la crema di ceci, i funghi porcini e le vongole – e infinite altre combinazioni –, o rimanere distinti, guardandosi da lontano, come spesso accade nel paesaggio siciliano.

Così, come addentrandoci in una campagna assolata, "arriviamo" alla caponata, una composizione di ortaggi fritti, conditi con sugo di pomodoro, sedano, olive e capperi, in salsa agrodolce: questo è il Regno della melanzana, così come nella "Parmigiana", che alterna al divino ortaggio donato dagli Arabi alla Sicilia, fritto ad arte, strati di salsa, formaggio filante, uova, prosciutto, ripetendo la sequenza fino a colmare la teglia che viene poi infornata per amalgamare gli ingredienti, come le note di una sinfonia.

Sono molti i doni che le campagne sanno riservarci. L'asparago selvatico è uno di loro[2]. Questa creatura è esile e tenera: perché se ne addensi un mazzo occorre battere dirupi e trazzere, affondare le mani in cespugli e siepi, tra rovai. Quando sono protetti da altre piante o tra rocce e muri a secco, si levano in alto, eleganti come steli di frumento. Appena raccolto, l'asparago si deve deporre in un boccale d'acqua, come fosse un fiore, oppure va subito cucinato, spezzettandone la parte superiore, più tenera, da saltare in padella con un uovo a occhio di bue o strapazzato, su cui trasferisce quel suo aroma amarognolo che

[2] A tal proposito si consiglia la lettura di due "gustosissimi" contributi: "Masciu sbànu, masciu sbànu..." di Antonino Uccello e "Io e l'asparago selvatico" di Gaetano Gangi, in Antonino Uccello, *Del mangiar siracusano*, 2000, rispettivamente pp. 38-39 e 41-43.

sa di primavera in boccio. Bisogna ritenersi fortunati quando si trovano asparagi selvatici sui banchi di un venditore, seppure a caro prezzo. Non li vedremo che in primavera, ma sapremo consolarci nei mesi successivi con la generosità dei peperoni arrostiti, che a giugno iniziano a inondare il mercato di un odore irresistibile, quando vengono abbrustoliti accanto ai banconi dei verdurai.

Il modo che i Siciliani hanno di stare a tavola, il loro rapporto con il cibo, è affascinante quanto contraddittorio. Vi è tutto un rituale, fatto di reticenza e desiderio, che tenta di dissimulare la voluttà dei convitati. Così, dinanzi all'ultima porzione avanzata da un pasto generoso, non ci si fa quasi mai avanti in modo impudente, ma si preferisce aspettare che qualcuno chieda di "levarla"; allora, il fortunato prescelto risponde, con *souplesse*, sollevando le spalle in modo quasi impercettibile come a dire "*si ss'ha ghittari!*" (se si deve buttare!). Il coronamento di un desiderio covato segretamente si maschera da eroico sacrificio. Geniale...

A volte invece questa teatralità si ritrae per dare spazio a momenti di intimità unici. Allora potrà accadere di imbattersi, dentro una pasticceria, in un cliente che gusta in solitudine un cannolo di ricotta o una cassatina, senza parlare con nessuno, a tratti socchiudendo gli occhi, quasi a non volere alterare, contaminare questo momento di piacere estremo con diversivi o distrazioni. Si prega di non disturbare...

Vi è poi un modo di mangiare che potrebbe essere definito "narrativo". Il punto di partenza, qui, è l'assoluta convinzione di non aver mangiato nulla, sintetizzata in una espressione lapidaria: "*c'aiu manciatu... nenti!*" (cosa ho mangiato... niente!). Ma essa è poi puntualmente smentita dall'elenco di vivande pronunciato per confermare la presunta inappetenza del soggetto: quattro olive, una *ricuttedda*, due uova, un *pizzuddu* di pane, quattro *pipi* arrostiti, due pomodori secchi, un po' di fichi e via dicendo, senza mai finire. In tal caso la cena può durare ore, e il racconto svariati minuti.

Ci sono ancora oggi madri che continuano a riempire il piatto ai loro figli, i quali a propria volta mangiano voracemente il primo pensando già al secondo, ma anche questa terra si sta adeguando alla civiltà del piatto unico, per ragioni dettate più dalla velocità che dalla dietologia. Nonostante l'incombente minaccia, il culto del cibo rimane tuttavia intatto, a tal punto che parlare di ricette e pietanze rimane ancora l'argomento preferito, soprattutto a tavola, come a potenziare, moltiplicandolo in un gioco infinito, quanto si trova imbandito dinanzi a noi.

E se l'aspetto visivo è particolarmente apprezzato, non è mai esaltato in senso meramente estetico: una cosa deve essere contemporaneamente bella e buona, altrimenti non ha senso mangiarla. Come se i due valori, nella profondità della vita, non potessero che identificarsi. Per questa ragione un pescivendolo al mercato, o un ristoratore in una trattoria, mostrerà dei gamberi chiedendo di *taliàri*, di guardare "quanto sono belli". Una cosa, qui, non ha un buon sapore, ma un bel sapore. *Sape bella*. Una sinestesia da fare invidia a Baudelaire.

C'è un piacere di esistere, un riposo dalle fatiche che cura ogni malinconia, un ristoro per l'anima e il corpo che si vive attorno alla mensa condivisa con i "compagni di viaggio" che abbiamo scelto. Negli autunni che già profumano di legna e di vino nuovo e negli inverni ventosi che rendono ancora più dolce questa intimità, o nelle serate ortigiane di primavera e inizio estate, quando soffia ancora una brezza fresca di mare e la luna si sfoglia sopra i vicoli, le piazze, le terrazze segrete che s'aprono di sbieco sui tetti, da angoli e prospettive ignoti ai passanti. Qui o ovunque desideriamo. E in questo piacere fatto di affetti e mani amiche che porgono vassoi, preparando una tavola con la stessa cura con cui si dà una carezza, in questa felicità tranquilla fatta di pensieri e risa, di confessioni, scoperte, storie antiche e progetti, tra età e mondi diversi seduti insieme, ci esplode dentro, improvvisa, una incontenibile gioia di vivere.

# S

# Sud

Vorrei che la nave di nome Argo non avesse oltrepassato mai le ombrose Simplegadi, volando verso la Colchide; e che l'albero di pino non fosse mai caduto, reciso dalla scure delle valli del Pelio, per fornire i remi a quegli eroi che, per il Re Pelia, andarono a cercare il Vello d'oro.

Euripide, *Medea*

Il silenzio delle maree. Giorni. Notti. Una liturgia, immobile, a ben vedere. Immobile. Persone come gesti di un rito. Qualcosa d'altro che uomini. Gesti.

Alessandro Baricco, *Oceano mare*

È mattina presto, il mercato di Ortigia risuona già di voci, si riempiono i banchi delle pescherie di primizie del mare; ma la giornata dei pescatori inizia prima ancora che il sole tracci il suo arco luminoso nel cielo, sulle barche colorate di questi uomini forti e antichi. Le vediamo ondeggiare nelle acque del Porto Piccolo, o allo Sbarcadero Santa Lucia, sulla soglia del quartiere borgata. Tra Ortigia e la terraferma, fino a poco tempo fa, esisteva un piccolo cantiere in cui i "mastri", chiamati *calafatari*, costruivano le barche o le riparavano, restituendole al mare.

Vi era qualcosa di magico nello spazio in cui queste creature di legno sembravano crescere ogni giorno, in una fatica a cielo aperto che ne svelava dapprima il disegno – sembra quasi un corpo umano, con la spina dorsale e due file di costole – per poi raggiungere progressivamente la forma definitiva, la curvatura piena dei fianchi, la sequenza dei colori scelti.

Ancora, in qualche angolo del porto è possibile ammirare un raro esemplare della barca tradizionale siracusana, il *buzzetto*. Vederne uno oggi è una rarità: sono ormai estinte (o in via di estinzione) le grandi famiglie patriarcali di calafatari, i Nizza, gli Aliffi e i Galiffi, stirpi dai nomi così simili da suggerire antiche parentele.

Il buzzetto è alto e sfilato, soprattutto a prua, dove è dotato di una piccola coperta. È lungo dai cinque agli otto metri e, per sfruttare i venti di grecale e di libeccio, frequenti nelle rotte verso sud, ha un albero estraibile dotato di un'ampia vela al centro, detta *tunna* (tonda), e una triangolare a prua, detta *billaccuni*. A esse può aggiungersi una terza vela, di piccole dimensioni.

Ma ciò che lo rende inconfondibile è la sua decorazione, che ricorda per certi versi quella del carretto siciliano. Qui nulla è lasciato al caso, nella scelta e nell'ordine di segni e colori, codificati da una tradizione antichissima: celeste al suo interno, vi spiccano il rosso dei corridoi e il verde dei remi; nero come la pece nella parte esterna che rimane immersa in acqua, diventa verde nella striscia che supera la linea di galleggiamento. E poi, due spicchi rossi a prua e a poppa, una cinta giallo oro e infine, verso l'alto, una linea bianca sormontata da un orlo verde.

Su questo arcobaleno dipinto dall'uomo si moltiplicano elementi decorativi e scaramantici: le foglie di acanto, il corno intrecciato a una fettuccia di colore rosso, petali blu in corrispondenza dei buchi dei corridoi per far defluire l'acqua e, a prua, l'occhio spalancato che osserva e protegge l'equipaggio, dai tempi lontani in cui le navi greche solcavano il "mare color del vino" e Ulisse cercava disperatamente Itaca. Ma non è questa l'unica traccia di un mondo magico ed eroico, in cui il Sole era considerato un dio e, secondo alcuni, pascolava i suoi sacri armenti proprio qui, nell'isola a tre punte. La prua del buzzetto è costituita da una colonnina sormontata da una sfera: su di essa veniva tesa una pelle di pecora, anch'essa fonte di protezione per gli uomini di mare, un vero e proprio "Vello d'Oro" che porta in sé la memoria di una storia antichissima.

*Pannello scenografico raffigurante gli Argonauti, realizzato nel 1927 da Duilio Cambellotti per la rappresentazione di* Medea *al Teatro Greco di Siracusa.*
Foto di Daniele Aliffi, Archivio Fondazione INDA

Racconta il mito che quando Frisso ed Elle, figli del re di Tebe, furono condannati al sacrificio per istigazione della matrigna Ino, Zeus volle salvarli e inviò loro un ariete alato, il cui vello era tutto d'oro: su di esso fuggirono volando verso Oriente.

Ma i due fratelli ebbero diversa sorte: durante il volo, infatti, Elle cadde in mare e annegò, mentre Frisso giunse nella lontana Colchide, sulle sponde del Mar Nero, dove il re Eeta lo accolse e gli diede in sposa la figlia Calciope. Allora Frisso volle ricambiare l'ospitalità e la benevolenza del re: così, sacrificato l'ariete a Zeus, fece dono a Eeta del prezioso vello, che fu consacrato ad Ares e inchiodato a una quercia del bosco sacro con la guardia perpetua di un drago insonne e invincibile. Fu qui che giunsero gli Argonauti capeggiati da Giasone, per riportare in Grecia ciò che dalla Grecia era partito, e trarre da questo bene prezioso un vantaggio ancora più grande. Ma nessuno dei guerrieri che erano giunti nella Colchide sulla nave Argo – Orfeo e Anfiarao, Zete e Calais, Castore e Polluce, Peleo e Telamone, Meleagro e, sia pure per un tempo limitato, Eracle – sarebbe riuscito a riconquistare il vello se la figlia di Eeta, innamoratasi di Giasone, non li avesse aiutati con i suoi poteri magici, tradendo la sua stessa famiglia.

Era Medea, la principessa della Colchide, la maga nipote del sole, Helios.

Proprio di questo vello rapito al drago insonne, dell'ariete potente che scavalca i mari, sembra portare memoria la barca siracusana, come fosse un libro, un diario fatto di simboli segreti.

Il buzzetto veniva costruito utilizzando uno strumento chiamato *iabbu* (garbo), che aveva una sagoma a forma di L con una curvatura al centro, e serviva ai maestri calafatari per stabilire dimensioni e proporzioni dell'imbarcazione, modellarne l'ossatura e tagliarne gli elementi principali. I garbi non si compravano: chi era capace se li costruiva, e ogni barca aveva *'u so iabbu* con cui si ricavava la sagoma dell'ordinata centrale, il centro geometrico, la "spina dorsale". Proprio in questa curvatura, che non svelava il disegno ma lo consentiva, il costruttore sapeva leggere le forme della barca che voleva costruire, in una sintesi di funzionalità, equilibrio e bellezza, che coglie quella capacità squisitamente greca (ancora...) di includere il bene e il bello in un'unica entità. La chiamavano *kalokagathia* (dall'unione di bello, *kalòs*, e buono, *agathòs*) e le davano un valore supremo.

Così, anche oggi, nel linguaggio popolare, l'esclamazione *senza iabbu!* svela il disappunto misto a stupore che si nutre dinanzi alla disarmonia, a una deformità che è contemporaneamente fisica e morale. Quasi una disfunzione della vita.

Dietro l'idea di leggiadria e bellezza espressa dalla parola garbo si affaccia ora l'immagine di una barca bella e ben costruita, decorata come una gran dama, che riesce gradita al mare e lo solca senza difficoltà[1]. Sarebbe straordinario percorrere su di essa tutta la linea costiera da Siracusa a Portopalo, ma possiamo servirci anche di un'altra imbarcazione o persino dell'automobi-

---

[1] Cfr. a questo proposito la suggestiva prefazione di Roberto De Benedictis al volume a cura di Augusto Aliffi, *Il "Buzzettu sarausanu"*, 2002.

*Mastro calafataro.*
Foto di Daniele Aliffi

le, usando la nostra immaginazione e sostando in alcuni punti particolarmente significativi.

Usciamo dal porto di Siracusa, posando un ultimo sguardo sul Castello Maniace, che visto dal mare appare ancora più simile a un nave, perfetta, inaffondabile. Andiamo a sud. Ecco *Capo Murro di Porco*, con le sue scogliere a picco attorno al faro solitario e bianco; il *Plemmirio* ondoso, su cui 2500 anni fa si accamparono gli Ateniesi prima della disfatta nel porto di Siracusa; *Costa Bianca*, con la roccia calcarea e baratri sul mare azzurro cupo; la *Fanusa*, "colei che appare e risplende" come dice il suo nome greco[2]. E ancora l'*Arenella* dalle spiagge generose, il porticciolo di *Ognina* e, a seguire, dopo un ampio tratto di terra e

[2] In greco antico il verbo *phainein* ha molti significati, tra cui: "manifestare", "portare alla luce", "mostrare", "indicare".

vegetazione incolta dove pascolano mucche lentissime e piene d'occhi, *Fontane Bianche.*

Continuiamo senza fermarci, costeggiamo le spiagge di *Gallina* e il *lido di Avola*, con il porto, le due pescherie, le barche ormeggiate accanto alla vecchia tonnara. Più domestico e balneare il *lido di Noto*, con il suo mare cristallino, gli alberghi, i comfort per turisti d'ogni genere ed età, cui seguono i deserti mozzafiato di Eloro, le rovine dell'antica città greca, e dune che sconfinano in un mare caraibico. Allontaniamoci appena dalla costa, verso Noto, nella terra un tempo attraversata dal fiume Eloro che prese poi il nome di Tellaro. Ad appena tre chilometri dal paese, in contrada Vaddeddi, troveremo ancora intatti alcuni mosaici di una villa romana, detta appunto *Villa del Tellaro*, restituitaci dopo un silenzio di secoli.

La villa fu infatti distrutta da un incendio nella seconda metà del V secolo d.C.; da allora se ne smarrì ogni traccia e su di essa, nel Seicento, fu costruita una masseria che ne disperse ulteriormente le strutture preesistenti. Si dovettero aspettare gli anni Settanta del secolo scorso perché avesse inizio un'attività di ricerca e di scavo che ha portato alla luce, sotto la direzione del professor Giuseppe Voza, i pavimenti musivi sul lato nord del portico della ricca residenza romana. Fa un certo effetto entrare nella masseria, percorrerne quattro sale dalle strutture secentesche, con le vasche, i tini, il palmento, e giungere improvvisamente, come in un viaggio nel tempo, al padiglione che ricopre i mosaici e gli ambienti salvati della villa.

Li ammiriamo, sospesi sulla passerella: quasi fossero capitoli di un libro, raccontano storie incastonate l'una nell'altra. La prima narra il riscatto delle spoglie di Ettore, la dolorosa peregrinazione del re Priamo che si umilia dinanzi ad Achille per avere indietro il corpo del figlio e concedergli sepoltura. Qui campeggiano figure indimenticabili, eroi che Omero lasciò in dono agli uomini e agli artisti di tutti i tempi: Ulisse, Achille, Diomede e, ancora, il vecchio Priamo, che svanisce dal disegno per il deperimento del mosaico. Si intravede invece la bilancia con l'oro sul piatto, mentre sull'altro è raffigurato il corpo di Ettore: immagine efficace dello scambio iniquo che dà un prezzo a un essere umano.

Il viaggio tra i mosaici prosegue nel secondo vano, tra crateri ricolmi di frutti da cui si dipartono festoni che guidano lo sguardo verso immagini di satiri lascivi e bruniti dal sole, o menadi danzanti dalla pelle color miele. Muovendoci lentamente sulla passerella, ci prepariamo alla visione del grande dipinto che raffigura scene di caccia e di banchetto, con una sorprendente originalità: non vi è sequenzialità tra le scene, la visione è simultanea, sinottica, quasi un vortice di immagini in movimento attorno a una figura centrale, una donna enigmatica seduta su un trono.

Bellissime le scene di caccia: il leone che divora la gazzella, il soldato disarcionato e terrorizzato su cui si avventa la fiera a mordere lo scudo, i leoni in gabbia – gli stessi che popoleranno le arene nei cruenti spettacoli di gladiatori –, il banchetto opulento sotto piante rigogliose che solo a maestri del piacere è dato dipingere in modo così convincente. Ecco, infine, il corridoio interamente coperto da decorazioni geometriche e floreali, in quella successione in senso verticale e orizzontale di motivi chiamati *entrelacs de coussins*: festoni di alloro formano medaglioni circolari e continuano a intrecciarsi circolarmente nei due sensi in medaglioni più piccoli. Un pavimento simile a una stoffa pregiata, dal ricamo labirintico, tra spirali e ottagoni, fiori di loto aperti o chiusi, a perdita d'occhio, nei toni del giallo e del rosso che si alternano al bianco e al nero. La mente ne rimane rapita e in questo piacere quasi si smarrisce, come improvvisamente svuotata, libera dal pensiero.

Siamo fuori, di nuovo, nella campagna assolata dove la villa segreta riacquista l'aspetto della cascina secentesca. Torniamo verso il mare, oltre Eloro. E se solleviamo lo sguardo al cielo, soprattutto in primavera o in autunno, ci colpirà la varietà dei volatili che lo popolano, tra cui esemplari di rara bellezza. Siamo vicinissimi alla riserva di *Vendicari*, vero e proprio albergo degli uccelli, oasi naturale e faunistica dal 1984.

Questo luogo incantato è la terra in cui sostano gli uccelli migratori che dal nord viaggiano verso l'Africa e da qui tornano indietro: senza questo punto di appoggio molti di loro morirebbero stremati o rimarrebbero fortemente debilitati. Giungono qui, invece, a darsi appuntamento e a trovare rifugio e cibo grazie ai tre pantani della Riserva: il *Pantano Roveto*, il *Pantano Grande* e il *Pantano Piccolo*, che consentono ai "visitatori" in sosta di trovare il cibo e le condizioni adatte per il loro mantenimento. Ecco le anatre dall'Unione Sovietica, i gabbiani dalla Polonia e dall'Ungheria, i fenicotteri dal delta del Rodano, spatole e aironi dai Balcani, i trampolieri dalla tundra...

Colpisce la loro varietà, possiamo osservarli dalle case di legno allestite per il *birdwatching*: l'ibis mignattaio, con il lungo becco adunco e gli splendidi riflessi color porpora; la volpoca, che per nidificare crea fosse simili a tane di volpi; l'airone, l'enorme e candido dominatore del cielo che sosta qui nel volo dalla Camargue francese alla Tunisia; il nero cormorano, in volo dalla Danimarca e dall'Olanda; il martin pescatore, screziato di turchese; il "cavaliere d'Italia", elegantissimo, con le ali nere, il corpo bianco e le inconfondibili lunghe zampe rosse.

È un luogo magico Vendicari, soprattutto nei mesi autunnali o a dicembre, in cui gli unici suoni sono quelli del mare, degli eucalipti al vento, del frullare di ali di qualche ospite della Riserva. Ma non è questa l'unica sorpresa.

Dalla spiaggia scorgiamo subito le tracce di un fabbricato abbandonato, con al centro un'alta ciminiera che domina come una vedetta. Avvicinandoci si individuano facilmente diversi locali e un'area che lascia intuire la presenza di forni per la cottura: siamo dentro lo stabilimento della vecchia tonnara, oggi dismessa. L'edificio non ne è che una piccola parte: il cuore della tonnara era mobile e invisibile, costituito da un complesso sistema di reti che veniva "calato in mare" da maggio a settembre. Si trattava di un vero e proprio palazzo sottomarino, una scac-

*Tonnaroti al lavoro, in un'immagine d'epoca.*
Foto di Angelo Maltese

chiera di reti a formare diverse camere collocate in modo che i tonni fossero intercettati e guidati fino alla trappola, quando attraversavano il Mediterraneo nel periodo dell'accoppiamento e della deposizione delle uova. Dapprima, a interrompere il loro corso naturale, incontravano una parete di reti staccata dalla costa, chiamata *pedale*; poi venivano guidati verso la cosiddetta *isola*, una sequenza di "stanze" collegate da porte e presidiate dalle barche dei tonnaroti; ultima tappa, la stanza senza ritorno, la prigione occulta in cui culmina il recinto di canape ritorte che per questo era chiamata "camera della morte".

Immaginiamo i pescatori tutti attorno, ritti sulle barche, a sollevare attraverso argani una rete posta nel fondale per portare i tonni a filo d'acqua. Vibrano le code, come mezze lune, come falci d'argento, mentre i tonni vengono arpionati e portati su, nella sanguinosa mattanza, tra urla e invocazioni ai santi, al ritmo cadenzato del canto tipico, la *cialoma*:

E lu tunnu è veru beddu
e amòla, e amòla
caricamu lu vasceddu
e amòla, e amòla...[3]

Furono gli Arabi a creare questo sistema, come "raccontano" le parole stesse della tonnara, la loro musicalità inconfondibile: *rais* (capo della tonnara), *muciara* (barca piccola da lavoro), *marfaragghiu* (struttura di lavorazione di pesci), *balata* (lo spiano roccioso in blocchi di pietra lavica che fungeva da banchina portuale), *scieri* (imbarcazione su cui si piazzavano i tonnaroti per la mattanza). Anche il nome Vendicari sembra rivelare un'origine araba; d'altronde non era che un piccolo porto: *bandàr*.

Dopo la pesca, il tonno veniva portato alla balata con le muciare, cotto in apposite caldaie e disposto ad asciugare su panche speciali. Veniva lavorata e inscatolata ogni sua parte: lo chiamavano il porco di mare, perché non si buttava via niente. In questo stabilimento oggi deserto lavoravano centinaia di maestranze specializzate – i cuocitori, i tagliatori, gli asciugatori – provenienti anche dal Nord Africa, dalla Sardegna e dalla Liguria; ebbe fasi alterne, a partire dal Seicento, tra benessere e

[3] "Il tonno è davvero bello / e tira, e tira /carichiamo il vascello / e tira, e tira."

decadenza, e dopo una particolare fioritura agli inizi del secolo scorso fu chiusa definitivamente nel 1943, dopo lo sbarco degli Alleati.

Ora non regna che il silenzio in questo luogo che a tratti ricorda un tempio greco sul mare, con due file di pilastri simili a colonne doriche come dentro un recinto sacro. A esso fanno da controcanto, a sud della riserva, le tracce di un antico insediamento greco-bizantino di cui si individuano un tempietto e i resti di una necropoli.

Tra la tonnara e il mare, domina ogni cosa la *Torre Sveva*, che seppe difendere per secoli la zona dai pirati e nel Cinquecento fu resa ancora più potente e inespugnabile, quando il viceré De Vega la fortificò con l'inserimento di pezzi di artiglieria. Ancora oggi la chiamano il "Castello di Vendicari", ed è parte dell'anima di questo luogo, come le sue dune desertiche e le piante profumate e forti, che non temono il sole e il vento di mare. Palme nane, ginestre e gigli marini, timo, iris, euforbia marittima, finocchio spinoso e ginepro coccolone, mirto, oleastro e molte, molte altre ancora...

Dopo aver visto Vendicari ci apparirà familiare il borgo di *Marzamemi*, con la sua tonnara, le case dei pescatori, la chiesa e il molo. Il tempo sembra fermarsi nella piazzetta intitolata alla Regina Margherita, bianca e piena di cielo, con il palazzo settecentesco dei principi di Villadorata, consunto, mangiato dal sole, come la facciata della chiesa antica. Fu dedicata a San Francesco di Paola, così come quella moderna che la fronteggia sul lato opposto della piazza.

Il nome di questo borgo, *Marsa al-hamen* ("Rada delle tortore"), racconta ancora una volta la presenza degli Arabi e quella degli uccelli migratori, come nella gemella Vendicari: ma al silenzio della prima, provocato dall'abbandono delle attività di pesca, si contrappone la vivacità della seconda, divenuta un centro di lavorazione del pesce e dei prodotti della terra. Basta entrare nei negozi del porticciolo per assaggiare una vera primizia, la bottarga, uova di tonno (ma anche di altri pesci, come la ricciola) pressate ed essiccate, da mangiare a fette sottili con olio e limone, o grattugiata sulla pasta, con un soffritto di aglio e olio e qualche foglia di prezzemolo. Il pesce qui diventa conserva, mare da portar via e gustare altrove, nei luoghi vicini ma anche lontano, nella nostalgia degli inverni continentali. Dipende ora dalle preferenze del palato scegliere tra la *suppizzata*, un vero e proprio salame di tonno, e il più delicato *mosciame*; tra i "classici" filetti o la prelibata ventresca ricavata dallo stomaco del tonno e per questo più morbida e grassa; tra le delicate uova di pesce spada e il pungente sapore dello sgombro; tra le popolari acciughe e la cernia, regina dei mari, da gustare semplice o con un intingolo di spezie e capperi.

Il ciliegino che trionfa sulle tavole estive può diventare una marmellata che accompagna gli altri alimenti, un pâté capace di rievocare in ogni stagione il sapore del pomodoro e quello del sole, catturato nei lunghi pomeriggi di luglio sui davanzali delle finestre, nelle terrazze. Qui, distese di pomodoro lasciate a essiccare si impregnano del calore dell'estate, tra nasse di pescatori e bambini che giocano, donne sedute fuori dagli usci e gruppi di giovani al bar della balata. Marzamemi è tutto questo e molto altro ancora.

Al centro del porto spicca una casa rossa, costruita su un isolotto appartenente alla famiglia Brancati, la stessa dello scrittore Vitaliano.

Sebbene sia vissuto per buona parte della sua vita tra Catania e Roma, Vitaliano Brancati nacque nella vicina Pachino il 24 luglio del 1907 e visse in questi luoghi i primi tredici anni della sua vita. Forse anche per questa ragione, più di ogni altra, seppe cogliere le atmosfere di questo angolo di Sud e descriverle oscillando tra afflato poetico e ironico compiacimento, tra tenera malinconia e caustica intelligenza.

Come in un vademecum, Brancati ci dà un suggerimento illuminante, forse anche la chiave di lettura di una certa Sicilia. E nel suo *Don Giovanni* lo fa proprio smontando ogni idea di grandiosità, di profondità storica, di intensità esperienziale: «Qui la storia più importante non è quella dei costumi, del commercio, degli edifici e delle rivolte, ma la storia degli sguardi», come se la vita potesse essere scandita dalla potenza degli occhi, nell'amore come nell'odio. Allora, in un istante, uno sguardo, una *taliata* di troppo, può generare una rissa o fare esplodere la più calda delle passioni amorose. E questa intensità di vita, immaginaria più che vissuta, questa sovrabbondanza di fantasia, di carico emotivo recluso in un mondo tutto interiore, spesso contrasta (o forse lo alimenta...) con un ritmo lentissimo, con la noia dei lunghi inverni deserti, con una malinconia del Sud che può essere letta solo lontana dalla baldoria estiva.

Bisogna venirci anche in inverno, qui, perché sia svelato l'arcano, la doppia natura di questi luoghi.

Ma anche l'estate sa avere il suo lato oscuro e nichilista, nelle giornate di scirocco, quando il cielo diventa fosco e la luna si stempera come un'arancia disfatta. Allora, «una polvere appena luminosa avvolge gli uomini e gli edifici, e l'intero universo sembra disegnato sopra un vetro sporco»[4]. In genere accade dopo tre giorni di vento instancabile, di libecciate africane che rendono il mare inaccessibile e ostile. Poi, questa veloce lingua di fuoco che arroventa le strade cede il passo allo scirocco, meno furente ma più sottile: allora il mare diventa livido, «come il ventre di un pipistrello». Niente sembra darci sollievo.

Seguiamo il nostro scrittore sul filo della mente, fino a *Pachino*, paese povero dal punto di vista architettonico ma generoso di viti e pomodori noti in tutto il mondo. Nella piazza quadrata del centro potrà accadere di incontrare cricche di soli uomini pieni di sguardi: sarà una tentazione forse un po' troppo letteraria pensare ancora al *Don Giovanni in Sicilia* (che pur Brancati scrisse e ambientò a Catania), alla complicità di questi uomini

---

[4] Vitaliano Brancati, *Gli anni perduti*; brano contenuto in Gesualdo Bufalino e Nunzio Zago, *Cento Sicilie*, 2008, pp. 219-20.

immersi nella "contemplazione", ora delicata ora brutale, di una donna che sembra più astrattamente desiderata nel gioco della confidenza maschile che realmente conosciuta nell'intimità carnale o affettiva.

D'improvviso il paese si svuota: è l'ora di pranzo, o quella in cui si pratica ancora con una certa solerzia il rito della pennichella, consumata rigorosamente in pigiama o nella frescura della biancheria intima, non fuori dal letto, ma alzando l'archetto delle lenzuola per entrare nelle sue morbidezze. Gli scuri si chiudono, come occhi stanchi.

È piena di vento, Pachino, che galleggia tra due mari diversi e ansiosi di ricongiungersi. Quando rotea nella piazza, le imposte fremono; se malchiuse, si aprono e sbattono nervosamente in un gonfiarsi di panni stesi che profumano l'aria. Le case diventano navi. In questo paese privo di arte eppure immerso nella bellezza dei luoghi, ci colpisce una forma di ingenuità, una delicatezza quasi infantile che sentì anche il giovane Vitaliano quando lo vide simile alla «lavagna di una scuola elementare, nei primi giorni dell'anno scolastico, quando i bambini imparano ancora le aste»[5].

Le case rudimentali sono piccole, disadorne, ma con quella misteriosa grazia che traluce dalle cose umili; la luce che si riflette sulle nuvole nei giorni di vento sembra un proposito, una promessa di bellezza. Ed è cercando questo dono che lasciamo Pachino, come marinai smarriti tra le montagne alla ricerca del mare.

Lo ritroviamo subito, il mare, anche se fa male pensare che questo scrigno pieno di tesori e di vita nasconde nel suo grembo testimonianze terribili e storie di odio e di morte. Come quella dei 283 migranti caricati su una nave "fantasma" che non fu mai trovata e annegati dentro le acque di Portopalo nella notte

[5] Vitaliano Brancati, "Singolare avventura di Francesco Maria"; citazione contenuta in Gesualdo Bufalino e Nunzio Zago, *Cento Sicilie*, 2008, pp. 207-10.

tra il 24 e il 25 dicembre 1996. O come i relitti di navi mercantili e di residui bellici: il Chillingham, nave da carico britannica affondata alla fine dell'Ottocento, l'Hurricane, un aereo da caccia inglese; il sommergibile Sebastiano Veniero, speronato da un mercantile nel 1925. Il mare è stato la tomba di uomini ed equipaggi, mercanti e guerrieri, pescatori e naufraghi partiti in cerca di una vita possibile.

Questo mare è anche la porta dell'Europa oggi vagheggiata da molti, la stessa attraverso cui, nel 1943, a Casablanca, Churchill e Roosvelt progettarono lo sbarco delle truppe alleate.

Era una notte di luglio, una notte di luna piena, quando una flotta di 2500 navi prese il largo dalla costa africana verso la Sicilia.

Le navi, scosse dal mare in tempesta, sembravano precipitare tra i flutti, e con loro migliaia di soldati aggrappati alle ringhiere, sui ponti: dovette sembrare, in certi momenti, che il mare si ribellasse al progetto militare, così come fece il vento negli stessi giorni, quando rese impossibile l'invasione dall'alto spazzando via i paracadutisti e precipitandoli in balia delle onde o degli avversari. Ma non fu così; la flotta raggiunse la costa e iniziò a occupare il territorio proprio da qui: Pachino, Avola, Noto, Cassibile, Siracusa.

Qui si apre la battaglia per la conquista della "fortezza Sicilia": filmati d'epoca di straordinaria forza ci raccontano città deserte e distrutte, piene di polvere e vento, e occhi stanchi, ansiosi di pace e libertà, lunghe file per il pane, bombardamenti. Ancora una volta alla Sicilia spettò lo strano destino di essere la chiave di volta di un progetto che andava oltre la sua portata, senza volere e senza sapere, come dentro un malinteso.

L'armistizio che sanciva la resa incondizionata dell'esercito italiano alle forze alleate fu volutamente firmato in un luogo dimesso e nascosto, un podere del paesino di Cassibile (a 15 km da Siracusa), il 3 settembre del 1943. Li vediamo tutti in una foto d'epoca i "protagonisti" di quella giornata storica: i generali Giuseppe Castellano e Walter Bedell Smith, rappresentanti rispettivamente del governo italiano e delle forze alleate, hanno ancora la penna in mano, compiaciuti e sorridenti per venire bene nell'istantanea da restituire alla storia.

Andiamo ancora avanti, tra stoppie bruciate e radi alberi incisi in controluce come filigrane, eucalipti che profumano l'ombra e greti secchi. Le cicale riempiono il silenzio di questa terra che sa donarci il privilegio della sua luce ma anche la sua oscurità soffocante, come se questi bagliori rivelassero anche un cuore di tenebra e la luce contenesse una sua parte luttuosa. I Greci avevano compreso questo mistero; lo testimoniano le tre donne di stirpe solare (erano figlie e nipoti del Sole) che ancora oggi popolano la nostra mente e i nostri racconti: Circe, la maga subdola; Medea, l'assassina sapiente; Fedra, la "splendente" accecata da un'insana passione amorosa.

Quando Medea salì con Giasone sulla nave Argo per portare in Grecia il Vello d'Oro, che aveva sottratto con l'inganno per farne dono al suo amato, condusse con sé il fratello Apsirto e lo uccise durante il viaggio. Ne fece il corpo a brandelli, gettandoli uno a uno per rallentare la corsa degli inseguitori, costringendoli a fermarsi per raccoglierne i pezzi. Una storia cruenta e terribile, ma anche la traccia di un rito antichissimo, di un sacrificio legato al ciclo solare, al mistero di questo corpo infuocato che si disperde nel mare, come fatto a pezzi, e si nasconde nella tenebra del sonno per poi nascere ancora, rinnovarsi.

La luce sacra del sole ci inonda all'*Isola delle Correnti,* l'estremo lembo di Sicilia in cui siamo giunti dopo lunghe peregrinazioni: Tunisi è a nord di questa spiaggia ventosa. Camminiamo a piedi nudi sul bagnasciuga e sentiamo l'acqua raggiungerci da direzioni diverse: lo Ionio e il Mediterraneo. In questo luogo in cui il sole sorge dal mare e in esso ritorna, come in un rito antico, questi due mari si chiamano, si cercano costantemente, ma per certi versi non si incontrano mai; percorrendo il lembo di sabbia che li separa non possiamo fare a meno di guardare ora l'uno ora l'altro, come rapiti da questa duplice natura, dalla discrepanza tra lo specchio d'acqua terso, celeste, e quello ondoso, quasi violaceo.

Né vi è inganno o menzogna nella doppia anima di questo luogo, perché è proprio essa la sua verità, come se potesse guardarci, contemporaneamente, con due occhi di colore diverso. E questa visione è anche la percezione di un segreto che ci libera e in qualche modo ci placa, paghi dei doni del viaggio, tra gli ultimi bagliori che chiudono il giorno: è l'ora giusta per stendersi, sulla spiaggia, o sulla superficie del mare, come fosse un letto, e sentirne il respiro nel dondolio di una ninna nanna che sa di rose e di menta, di ulivi e aranceti odorosi…

E alavò e a la ninna
rormiri voli e di lu sonnu spinna,
e alavò rormi e abbenta
voli la naca 'n menzu la menta,
e alavò ca rormi e chianci
voli la naca 'n memzu l'aranci,
e alavò ca rommi e riri
voli la naca 'n menzu l'alivi,
e alavò rormi e arriposa
voli la naca 'n menzu la rosa,
e alavò e alavò, e alavò e alavò[6]…

---

6 "E alavò fai la ninna / dormire vuole e si agita per il sonno, / dormi e stai quieto / vuole la culla in mezzo alla menta, / dormi e piangi / vuole la culla in mezzo agli aranci, / dormi e ridi / vuole la culla in mezzo agli ulivi, / dormi e riposa / vuole la culla in mezzo alle rose, / e alavò e alavò…" Ninna nanna tradizionale siciliana.

# T

## Teatro

> Scendere infine, se si è in due, a passeggiare giù nell'orchestra, e recitarsi, inventandole, le sticomitie di una tragedia perduta, quella cenere di sillabe d'oro che nessun vento ci riporterà.
>
> Gesualdo Bufalino, *La luce e il lutto*

Erodoto narra che il fondatore dell'impero persiano, il grande Ciro, fosse ansioso di avere notizie su quei Greci che osavano contrastare l'egemonia del suo impero sulle coste dell'Asia minore. Ma poi, ascoltati i resoconti degli inviati e degli stessi Greci che si trovavano presso di lui, l'imperatore si tranquillizzò, pensando che non vi fosse nulla da temere da uomini «che hanno un luogo apposito in mezzo alla città dove si radunano e si ingannano l'un l'altro, facendo giuramenti»[1].

Al sovrano orientale doveva sembrare insulsa e fragile quella città che, anziché esibire palazzi e sfarzosi edifici del potere, aveva un buco nel mezzo.

*Agorà*, il luogo del mercato, delle mescolanze, della parola. Non sapeva, Ciro, che proprio qui si nascondeva il punto di forza segreto, che dalla stessa intuizione la civiltà greca avrebbe generato lo spazio vuoto e circolare delle assemblee cittadine, il *bouleuterion*, in cui deliberare e agire, e quello delle rappresentazioni, il *theatron*, in cui interrogarsi e contemplare l'esistenza[2]. Spazio scenico, recinto sacro dotato di un altare nel

[1] Erodoto, *Storie*, I, 152-153.

[2] Non sempre il *theatron* e il *bouleuterion* erano edifici distinti. Poteva

suo centro e circondato da templi, sede delle assemblee cittadine: più di duemila anni fa il *Teatro Greco* di Siracusa era tutto questo, e la memoria di ciò che è stato è incisa sui suoi muri, nei sentieri che percorriamo, su ogni pietra. Forse, è per questa ragione che entrarvi significa ogni volta diventare più ricchi, più saggi, scoprire che esiste un altro modo per conoscere e attraversare il tempo.

Eppure, incredibilmente, Siracusa ha dimenticato il suo teatro per secoli. Caduto nell'oblio durante il Medioevo, nel Cinquecento il monumento viene smembrato da Carlo V che, con i poderosi blocchi della cavea e della scena decide di costruire le mura che cingeranno Ortigia: il luogo d'incontro della città greca, la sede delle assemblee, dei riti, delle rappresentazioni teatrali, si trasforma ora nei pezzi del gigantesco muro che chiude Ortigia facendone un bastione contro gli invasori, i Turchi, i pirati, i predatori del mare.

Il secolo successivo la dimenticanza genera nuove violenze quando, nel cuore del teatro, vengono costruiti mulini ad acqua per macinare il grano; così, lo scenario si trasforma ancora, e accoglie i suoi nuovi "abitanti": il carro del mugnaio che porta la farina dal mulino soprastante la cavea, cani che abbaiano, galline che razzolano mentre le lavandaie lavano i panni, cantando, sul fruscio perenne dei mulini ad acqua.

Ma è significativo che, come l'alba che si fa spazio nella parte più buia della notte, proprio nel momento di massima decadenza abbia anche inizio la riscoperta, la lenta rinascita di questo luogo, dapprima grazie all'interesse dei viaggiatori stranieri e degli intellettuali locali (Fazello, Mirabella, Landolina, Cavallari), poi grazie alle grandi campagne di scavo archeologico.

La storia ottocentesca di questo posto è fatta di scoperte, di sguardi meravigliati e rapiti, è l'epopea di un vero e proprio

accadere che il teatro fosse contemporaneamente lo spazio delle assemblee e quello delle rappresentazioni.

*Teatro Greco di Siracusa.*
Foto di Mario Dondero

disseppellimento. Nei disegni dei viaggiatori europei, il teatro abbandonato, decadente e insieme pieno di fascino, è rappresentato come uno dei più emozionanti colpi d'occhio colti in Sicilia, tra acque a cascata e vegetazione esuberante in cui si intravede appena la cavea scolpita nella roccia che si affaccia sul Porto Grande.

Colpisce la straordinaria discrepanza tra questo posto che è "sempre stato lì" e l'inconsapevolezza della gente che lo popola, ritratta nei disegni di Houël e Denon mentre svolge i lavori di fatica di una vita semplice: del teatro si è ormai smarrito il senso, la ragion d'essere, come fosse espressione di una lingua divenuta talmente incomprensibile da poter ammettere la costruzione di uno dei cinque mulini sui gradini della cavea, senza che nessuno sentisse di deturpare quelle pietre ora inutili e distanti.

Dai primi del Novecento a oggi il teatro è stato dissepolto, restituito alla luce, studiato grazie al lavoro instancabile degli archeologi[3]; e man mano che si sono avvicendate le campagne di scavo, gli studi e le prime edizioni critiche del monumento, sono riemerse finalmente le tracce di ciò che era stato il Teatro Greco di Siracusa, con i suoi sessantasette ordini di gradini divisi in nove settori verticali (cunei), a comporne la cavea scavata nelle pendici del colle Temenite.

Sulla parete del *diazoma*[4] affiorano, incisi in lettere greche, nomi di divinità, di eroi, di tiranni: Zeus Olimpio al centro; a est Eracle, "l'eroe degli eroi", e forse la dea Demetra, signora del grano; sul lato opposto, a ovest, Ierone II, che fu tiranno di Siracusa quando era una metropoli insieme ad Alessandria d'Egitto, la sposa Filistide e la nuora Nereide, figlia del grande Pirro e moglie di Gelone II.

Sulla roccia rimangono i nomi di chi allora era il dominatore del mondo e che oggi è solo un ricordo.

Nell'orchestra[5] era originariamente posto l'altare del dio Dioniso, intorno a cui si muoveva il coro, ma possiamo solo immaginare tutto questo poiché non rimane quasi nulla, se non tagli e fori sulla roccia, tracce in negativo dell'edificio scenico.

I segni sulla pietra fanno intuire l'impianto di una struttura mobile con un colonnato, (forse per gli spettacoli farseschi, in età greca) e un corridoio sotterraneo di trenta metri in direzione nord-sud[6]: sono le scale di Caronte, da cui emergevano i fantasmi rievocati dal mondo infero, le presenze oscure e premonitrici. Da qui fa ingresso nel regno dei vivi Dario, l'imperatore orientale che nei *Persiani* di Eschilo appare sulla scena "chiama-

[3] Ricordiamo Paolo Orsi, Giulio Emanuele Rizzo, Carlo Anti, Luigi Bernabò Brea, Alessandro Stucchi, Luigi Polacco, Giuseppe Voza.

[4] Il corridoio centrale che divideva il teatro a circa metà altezza.

[5] Lo spazio semicircolare abbracciato dalla base della cavea, prevalentemente dedicato ai movimenti coreutici. Il suo nome deriva dal verbo greco *orcheomai*, "danzo".

[6] Una cariatide attualmente conservata al Museo Paolo Orsi fu trovata proprio nella fossa di questi sotterranei.

to" dalla moglie Atossa; da qui ritorna Eracle quando ha terminato l'ultima delle sue fatiche, vittorioso e insieme contaminato, macchiato, come lo vuole Euripide, da una follia che lo porterà a sterminare la sua famiglia. Un monito a osservare la fragilità umana si leva da queste pietre sapienti e piene di doni.

Le cicatrici del terreno e i due piloni laterali alti più di quattordici metri ci raccontano anche l'evoluzione della scena, che in età romana si fa più monumentale, imponente, visiva[7], quando si inizia a sentire l'esigenza di intrattenere il pubblico stupendolo, divertendolo. A questa nuova urgenza risponde l'anfiteatro costruito a poca distanza per gli spettacoli dei gladiatori; qui il sangue non è più solo visto con gli occhi della mente, raccontato da un messaggero come accadeva nella tragedia greca, ma si fa visibile, oggetto di piacere, di *spectaculum*.

Il *genius loci* del Temenite[8] è così intimamente legato alla dimensione del sacro da avere quasi "imposto" che esso fosse prima e sopra tutto luogo di culto: lo rivelano le due tombe dell'età del bronzo poste in punti diversi del teatro[9], le tracce del tempio arcaico (VI sec. a.C.) nella zona appena oltre la cavea, i due templi, probabilmente dedicati a Demetra e Kore, costruiti all'estremità dell'enorme portico eretto da Ierone sulla terrazza rocciosa che domina tutto, le cui fondamenta sono emerse grazie alle recenti indagini archeologiche.

Si affastellano nei secoli luoghi di culto, fontane adornate da

---

7 Un'ampia fossa fu scavata per il sipario, che era sollevato dal basso verso l'alto; l'edificio scenico fu incluso tra i due costoni rocciosi e presentava nella sua parte frontale tre nicchie: una centrale e due laterali, semicircolari. Non è escluso che in questa fase fossero rappresentati persino spettacoli acquatici in una grande vasca creata *ad hoc*, a dispetto della funzione originaria del monumento.

8 Non a caso *temenos* in greco antico significa "recinto sacro".

9 Una sotto la torre di avvistamento spagnola (nota anche come "la casa dei mugnai") che si affaccia sulla cavea, l'altra accanto a uno dei due piloni laterali.

statue, portici, necropoli di epoche diverse, dall'età del bronzo al periodo bizantino[10]: di tutta questa vita era ricolmo il teatro, da tutto questo era nato.

L'anima del luogo è fatta di terra e di cielo, è piena di vento e di quella luce che sbatte violenta sulla pietra fino a riempire gli occhi. Ma sarebbe limitativo pensare che esso sia fatto soltanto della materia che lo compone, della sua forma, del paesaggio di cui fa parte. Sono le storie che lo raccontano a renderlo ancora più vivo, ancora più nostro: sembra di vederlo, l'architetto Damokopos, detto "Myrilla" per aver fatto cospargere la cavea di unguenti (*myroi*) durante l'inaugurazione del monumento, come se si trattasse di un corpo umano più che di un'opera[11]; o Timoleonte (408-337 a.C.), il condottiero corinzio che aveva sconfitto i tiranni locali e gli eterni avversari, i Cartaginesi, che ormai vecchio e cieco si reca al teatro su di un carro, acclamato a gran voce dal popolo che lo interpella durante l'assemblea sulle questioni più importanti[12]. Ed Eschilo, che qui rappresentò due tragedie da lui scritte e dirette, *Le Etnee*, commissionategli da Ierone, e una replica dei *Persiani*.

Il tragediografo non morì nella sua Atene, la città per cui aveva combattuto nella pianura di Maratona contro i Persiani e dove aveva messo in scena tutte le sue opere agli agoni tragici; è il suolo siculo ad accogliere le sue spoglie. Stupisce sapere come il padre della tragedia, forse il più grande drammaturgo di tutti i tempi, non volesse essere ricordato per i suoi capolavori ma come combattente a Maratona. Si racconta[13] che gli abitanti di Gela gli abbiano dedicato un monumento funebre dove chiunque aspirasse a scrivere tragedie andava in pellegrinaggio; vi era inciso un epitaffio che lo stesso drammaturgo aveva composto

---

10 Di quest'epoca sono prevalentemente le tombe della cosiddetta *Via dei Sepolcri*.

11 Lo racconta il mimografo Sofrone.

12 Lo racconta Plutarco in *Vite parallele, Timoleonte*.

13 Ateneo, *Deipnosofisti*, XIV, 627; Pausania, *Periegesi della Grecia*, I, 14, 5.

*Rappresentazioni Classiche, 1948. Il siracusano Salvo Randone (qui con Daniela Palmer) interpreta Oreste nelle* Coefore *di Eschilo.*
Foto di Angelo Maltese, Archivio Fondazione INDA

per la sua tomba: «Eschilo, figlio di Euforione, Ateniese, morto a Gela produttrice di grano, questo monumento ricopre: il bosco di Maratona può raccontare la sua gloria, e il Medo dalle lunghe chiome, che ben la conosce»[14].

Così volle essere ricordato il guerriero. Ma è il poeta che ha attraversato i secoli.

Usciti dal Teatro, continuiamo la nostra ricerca di storie e antichi miti al *Museo Paolo Orsi*; ne attraversiamo le sale, tra scene teatrali catturate e fissate nel tempo, come fotogrammi dipinti. Edipo va incontro al suo destino dentro il frammento di un cratere a calice di cui rimane solo la parte centrale: sulla superficie decorata è ben visibile una struttura soprelevata dotata di colon-

[14] *Vita di Eschilo*, 11. Ne parla anche Plutarco nell'operetta *Esilio.*

ne bianche, il palcoscenico su cui si svolge la rappresentazione cui stiamo assistendo.

A sinistra un messaggero, canuto, appoggiato al suo bastone protende il braccio verso il "protagonista", che indossa un lungo chitone e ha barba e chioma fluenti; le figlie Antigone e Ismene, qui, non sono che due bambine. Edipo non sa ancora di avere ucciso suo padre e di avere sposato sua madre; pensa di essere sfuggito alle predizioni dell'oracolo scappando da casa e da coloro che credeva i suoi genitori.

Siamo fermi dinanzi all'istante che precede la verità: è la sposa-madre Giocasta a coglierla per prima, ascoltando il messaggero, come in una folgorazione, a provare orrore al punto da coprirsi (così la vediamo nel frammento) parte del viso con un mantello, sconcertata, atterrita. Il dramma di Giocasta si consuma tutto nel silenzio e nella potenza del gesto; a teatro esce di scena, muta, e non torna più: la troveranno appesa con una corda al collo.

In un altro vaso, a raccontarci la propria storia è Filottete, l'eroe malato abbandonato con la sua ferita putrida nell'isola Lemno, dove i Greci dovranno tornare a cercarlo e tenteranno di rubargli con l'inganno l'arco "divino" senza cui, dice l'oracolo, non potranno vincere la guerra di Troia. Questo cratere, trovato nella Necropoli del Fusco[15], lo raffigura scarmigliato, dentro una grotta, con in mano un arco bianco, mentre uomini e dèi, intorno all'antro, parlano e tramano alle sue spalle.

Prima di lasciare il museo, rivolgiamo lo sguardo a Oreste, che parla con la sorella Elettra intorno alla tomba del padre Agamennone, e con lei ordisce vendetta contro la madre assassina,

---

15 Un'intima relazione lega il teatro e il culto dei defunti. Colpisce la quantità di statue e oggetti di terracotta di argomento teatrale trovati nelle necropoli: modellini fittili di attori, maschere, vasi dipinti. Dioniso, il dio del teatro, era stato dio della vegetazione, connesso ai cicli di nascita e morte; dunque, non è inatteso che oggetti legati al teatro "emergano" proprio dalle città dei morti.

incitato da una schiava troiana che porta sul capo un'anfora colma di libagioni per il defunto.

La tragedia greca, qui, è raccontata attraverso immagini indimenticabili; a esse fanno da controcanto quelle della commedia, personaggi barbuti e satireschi, dagli enormi genitali, panciuti, ora dipinti nei vasi, ora plasmati in statuette fittili, con i nasi camusi, la barba folta, le sopracciglia arcuate e un perenne ghigno beffardo.

Il dramma antico vive ancora, a Siracusa, nella scena del Teatro Greco, quando migliaia di spettatori accorrono ad assistere alle *Rappresentazioni Classiche* (vedi voce *Estasi*) che, grazie all'intuizione di un aristocratico siracusano, il conte Mario Tommaso Gargallo, e di un ellenista visionario, Ettore Romagnoli, dai primi del Novecento portano sulla scena e nella cavea del Temenite i capolavori della drammaturgia ateniese. Nei mesi magici in cui la primavera cede il passo all'estate, queste storie esemplari e ancestrali riprendono vita, si muovono, trovano voce parlando una lingua che è a metà fra la loro e la nostra, dentro lo spazio che separa noi e i Greci e che viene in qualche modo riempito da entrambi. I costumi e le scene variano, talvolta rievocando quel mondo che vive dentro i vasi e i fregi dell'antica città dissepolta, talvolta assumendo, in modo un po' provocatorio, le forme della contemporaneità.

Poco importa, purché la parola dei grandi drammaturghi torni a parlarci ancora, spingendoci con forza a cercare un pensiero più profondo.

Rimarrà deluso chi penserà di "vedere". Il dramma antico si svela, soprattutto, agli occhi della mente. Nessuno incontrerà i terribili guerrieri che i figli di Edipo schiereranno alle sette porte di Tebe per contendersi il dominio della città; nessuno vedrà cadere sulla scena la vergine Ifigenia sacrificata agli dèi perché venti propizi permettano alle navi greche di giungere a Troia, né la morte di un eroe tradito dagli uomini, o dagli dèi.

Un messaggero verrà sempre a raccontarci qualcosa che è accaduto altrove, al di là della scena, oltre quella cortina di cipressi

*Rappresentazioni Classiche, 2008.*
*L'attrice Galatea Ranzi interpreta Clitennestra nell'*Agamennone *di Eschilo.*
Foto di Daniele Aliffi

che isola, con la stessa semplicità di un fondale, il teatro dal resto della città; e tutte le volte ascolteremo le sue parole, in religioso silenzio, come se non le avessimo mai udite.

Poi, dopo il tramonto, quando tutto sarà finito, la notte calerà come un sipario sulla pietra bianca.

# U

## Usoantico

Uomini, luoghi, manufatti (...) sono stati per me lo scorrere della stessa vita.

Antonino Uccello, *La civiltà del legno in Sicilia*

«Titiro, disteso all'ombra di un ampio faggio, moduli una melodia silvestre con un esile zufolo; noi lasciamo le terre dei padri e i dolci campi, noi abbandoniamo la patria; tu, Titiro, adagiato nell'ombra, insegni alle selve a ripetere il nome d'Amarillide bella»[1]. Così dice il pastore Melibeo al vecchio Titiro in una delicata bucolica virgiliana che ci regala atmosfere nostalgiche e campestri, così intime e vicine al verso del cantore greco che ne era stato maestro: Teocrito, il Siracusano.

Per secoli, sull'altopiano ibleo o nelle campagne di questo lembo di terra, Titiro e Melibeo vissero molte vite, con altri volti e altri nomi. Poi le loro strade si separarono di nuovo, dopo lo sbarco degli Alleati e ancora nel dopoguerra, quando gli uni rimasero attaccati alla loro terra e gli altri dovettero o vollero andar via, per necessità, per povertà, per cercare una vita migliore fatta di progresso e di nuovi salari.

I braccianti agricoli iniziano a combattere battaglie, a volte cruente, per l'occupazione delle terre e per la riforma agraria,

[1] Virgilio, *Bucoliche*, *Ecloga* I, vv. 1-5. Qui Melibeo e Titiro, due pastori della campagna mantovana turbata dalle confische di terreni a favore dei veterani, si salutano con amicizia. I due hanno avuto un destino diverso: Titiro ha potuto mantenere i suoi possedimenti grazie a un benefattore, Melibeo andrà esule in terre lontane.

e quegli oggetti che li avevano accompagnati da sempre vengono buttati via, rifiutati e sostituiti con quelli "moderni" che si possono acquistare nei grandi magazzini, insieme ai primi elettrodomestici, alla radio a batteria da portare in campagna e la motoretta sfolgorante di nastri colorati e portafortuna – un carretto nuovo e senza cavallo. Sono gesti e modi per respingere tutto un cattivo passato, per allontanare quel loro male antico. "Resistono" invece con tenacia i piccoli proprietari e i superstiti pastori, attaccati alla terra e al loro modo di vivere; ma l'esodo dalle campagne aumenta sempre più con il fallimento della riforma agraria, l'emigrazione, le raffinerie a Siracusa. Una marea arriva a distruggere, a travolgere un intero mondo. Anche Titiro se ne va.

Proprio in quegli anni, un maestro di Canicattini appena ventenne decide di "risalire la corrente" ripercorrendo quelle campagne in cui era vissuto prima di trasferirsi a Cantù, in Brianza, per insegnare. Ad ogni rientro in Sicilia, a Natale o in estate, raccoglie tra i rifiuti, sui muri a secco, in mezzo alle rovine delle masserie, tutto ciò che viene buttato via in questa frenesia di progresso. Ciotole di legno, cucchiai, collari per pecore e buoi, aratri abbandonati, ormai svuotati di ogni significato. Il giovane maestro cerca l'anima di cose e luoghi, e non si stanca mai di parlare con le persone che incontra; ogni volta che può siede con loro e, ascoltando le loro vite, man mano restituisce anche a quei manufatti ciò che era stato loro tolto: notizie, storie, memorie e suoni, senso, vita.

Si chiamava Antonino Uccello e «somigliava a un uccello» racconta Vincenzo Consolo, che lo descrive quasi a fargli un ritratto: «Era piccolo e magro, la testa minuta, sormontata d'un ciuffetto di capelli fini e bianchi, l'occhio tondo e vivace, le guance incavate, un naso affilatissimo, le labbra sottili, il mento a punta»[2].

---

[2] Vincenzo Consolo, "La casa di Icaro", in *Le pietre di Pantalica*, 1988, pp. 119-20.

D'un tratto la sua permanenza in Lombardia e quella casa a Cantù stipata di oggetti iniziano ad apparirgli come una diserzione, allora acquista a *Palazzolo Acreide* un palazzotto settecentesco in arenaria bianco-miele per trasferirvi tutto ciò che aveva raccolto negli anni. Le cose e la loro anima.

Per arrivare fin qui abbiamo lasciato il mare alle nostre spalle e imboccato la "Maremonti" che si inerpica sugli Iblei sino a raggiungere un paese fatto di case gialle, rosa, color glicine e distese di tegole, chiese bianche piene di scale, un teatro antico immerso nel cielo e una visione di infinito intorno alla collina dell'antica *Akrai*. È luogo di bellezza e di sapori, Palazzolo, come quello dei funghi appena raccolti, dell'olio denso e dei formaggi, delle carni pregiatissime, di quella salsiccia che ne è la primizia, con la sua miscela di elementi che si armonizzano senza che nessuno prevarichi l'altro eppure così precisi da poter essere individuati singolarmente. Carne di maiale di montagna nutrito di ghiande e carrube, polvere di peperoncini rossi seccati al sole, finocchietto, un effluvio di vino[3].

Con queste visioni, con questo gusto del vivere siamo giunti qui, lentamente, assaporando ogni fermata e ogni incontro, come ci ha insegnato Antonino Uccello. Bussiamo alla *Casa museo*: qualcuno, con semplicità e gentilezza, apre la porta e ci lascia entrare, come se andassimo a far visita dopo lungo tempo a una persona cara, di cui abbiamo avuto nostalgia. Perché questo luogo non contiene solo cose, per quanto belle o suggestive, ma esprime un modo di vivere, di sentire, testimonia il coraggio di accogliere la propria missione e riconoscerne il valore, anche quando si rimanga soli o inascoltati nel proprio tempo. È lo sguardo che vede oltre, l'uomo che pianta l'albero secolare che vedrà solo in virgulto ma che immagina già grande e ombroso, e colmo di uccelli.

---

[3] Giuseppe Fava, "Palazzolo Acreide ovvero dell'arte di gustar salsiccia", in Antonino Uccello, *Del mangiar siracusano*, 2000, pp. 59-60.

Questo sentimento è il lascito di una ricerca durata tutta una vita, condivisa con la moglie, i familiari, gli amici: Luigi Lombardo l'intellettuale, Gianni il falegname, la zia Marietta, Paolo Cannuni, la zia Peppina, *Uottuiorna* il contadino, e altri ancora. C'è una casa *ri massaria* al pian terreno e una casa *ri stari* al primo piano, ma gli oggetti qui non sono riposti dentro teche né affastellati disordinatamente: vivono nello spazio come se fossero ritornati nel loro luogo originario, restituiti al loro significato, alla loro vera natura, per raccontare un mondo fatto di lavoro, di affetti familiari, di tradizioni, di fatica. Era un museo provocatorio quando fu inaugurato, nel 1971; una "casa-lievito" – diceva il suo creatore – capace di cambiare sotto gli occhi delle persone.

Per questo la casa *ri massaria*, con i suoi *dammusi* dalle poderose volte a botte, era un luogo di produzione in cui preparare le conserve, insaccare il maiale e fare la ricotta dentro la *quarara* (caldaia), sostenuta da una sbarra di legno poggiata su due treppiedi mentre da un filo sospeso pendevano tutti gli utensili necessari: la *cazza* (mestolo), *'u scutiddaru* (un recipiente di legno), *'u iaruòzzu* (un recipiente conico di rame per versare il latte), la *mastredda* (la madia). Poco oltre, i recipienti per il grano, le giare dell'olio, il trappeto con la grande macina per frangere le olive che girava trainata da un asino bendato; fuori, la cisterna nella viva roccia che serviva a raccogliere l'acqua piovana.

Ci muoviamo tra oggetti di un altro tempo, carichi di vita vissuta, come gli aratri per i buoi e i cavalli o quelli a scocca trascinati da un solo animale, strumenti di lavoro e insieme oggetti sacri perché riposti sul collo di animali "benedetti da Dio". Non dovevano essere mai bruciati, pena la certezza di una morte dolorosa, pari a quella di chi uccideva i gatti: per questa ragione, anche quando si spezzavano o non erano più utilizzabili, restavano a marcire in mezzo alla campagna, come carcasse di animali. *Iva iarsi e gghiatti auccisi: scissi (utali) ri stu paisi!*, si diceva[4].

[4] "Bruciò gioghi e uccise gatti: che costui esca da questo paese."

Ancora più sorprendenti i collari di legno per buoi, pecore, capre intagliati dai pastori. A loro sono affidati messaggi, immagini, pensieri, incisi con la dedizione dell'artigiano e insieme nutriti da un moto di orgoglio, come di chi partecipi a una gara di bravura. Questi collari-scultura erano gli ornamenti dei giorni di festa e venivano indossati come in una parata di grande effetto in cui mostrare, in una pinacoteca itinerante, scene di vita pastorale o visioni suggerite da altre esperienze: l'aquila ricopiata dagli stemmi della città o quella borbonica, a due teste; Santa Lucia con la corona sul capo e la palma del martirio, San Corrado eremita tra gli Angeli, Cristo morto tra due adoranti e un calice con lo zampillo dell'acqua, la vita che si rinnova.

> E come nessuno dei Ciclopi so suonare la zampogna,
> cantando te, mio dolce pomo, e insieme me stesso,
> sovente fino a tarda notte. Undici cerbiatte allevo per te,
> e hanno tutte il collare[5].

Andiamo su per le scale e troveremo intatta la casa del *massaro*, come se lui stesso ci avesse aperto la porta e ci avesse permesso di accedervi. Con passo leggero entriamo nella camera da letto, con la culla appesa al soffitto e un canniccio a chiudere un angolo, per nascondere il frumento che veniva custodito tra le cose più intime e preziose, il nutrimento vitale da preservare sempre. La stanza è piena di immagini, esposte sui mobili o appese alle pareti, ma seguendo una "regola" precisa perché le foto di famiglia non si mescolino ai santi protettori: *pupi cu' pupi e santi cu' santi*, diceva la zia Marietta. Immancabile, appena fuori dalla camera da letto, il telaio, protagonista da sempre di indovinelli, racconti di magie e sortilegi, canti popolari...

> Batti, navetta mia, tilaru, batti
> quantu l'amuri miu senti li botti;
> tessi-tissiennu, dui canni su' fatti,

---

[5] Teocrito, *Idillio* XI (*Il Ciclope*), vv. 35-38.

guarda sta tila chi mi veni forti!
E vi la tessu cu 'ncegnu e cu arti,
batti, tilaru, ca è menzannotti:
a la lagnusa lu sonnu l'abbatti,
nun suca a la minnedda di la sorti[6].

I racconti di Antonino Uccello[7] sono popolati da uomini antichi e forti, pastori-artisti come Paolo Leone con i suoi *acedduzzi* (uccellini) di legno e Vincenzo Rossitto, il massaro che scolpiva cuori, crocifissi, Madonne geometriche come dee arcaiche della terra e del grano: disegnava ovunque si trovasse, sui muri, sulle pale di fico d'india, e si diceva "servo di Dio". O come Salvatore Giliberto, il bovaro intagliatore di collari e costruttore di gioghi, e Santo Lombardo con i suoi pupi, re e cavalieri, con i baffi e gli occhi sgranati.

Un cammino invisibile, come un passaggio segreto sembra legare questo universo popolare e il mondo poetico di Teocrito; forse non sono poi così astratti i suoi pastori-poeti, non così idealizzati come ci erano parsi. Tirsi che esegue il canto della morte di Dafni e riceve in premio una coppa istoriata, il ragazzetto disegnato che sorveglia l'uva sedendo su un muro a secco mentre costruisce una gabbietta per grilli con steli d'asfodelo e giunchi. Il capraio che suona la zampogna e il Ciclope che canta l'amore per Galatea, «più candida del latte cagliato, più morbida di un agnello. Più altera di un vitello, più brillante dell'uva acerba»[8].

Ma la Casa museo non è il nostalgico racconto di un'epopea

6 "Batti spola mia, telaio, batti / ché l'amor mio ne senta i colpi; / tessendo due canne son fatte, / guarda questa tela come viene forte! / E ve la tesso con ingegno e arte, / batti, telaio che è mezzanotte: / l'infingarda il sonno l'abbatte, / e non succhia al seno della sorte." Il canto della tessitrice è tratto, come molte testimonianze su Antonino Uccello e sulle tradizioni popolari, dal bel libro di Sebastiano Burgaretta *Cultura materiale e tradizioni popolari nel siracusano*, 2002.

7 Antonino Uccello, *La civiltà del legno in Sicilia*, 1992.

8 Teocrito, *Idillio* XI (*Il Ciclope*), vv. 21-22.

*Pupo siciliano.*
Foto di Mario Dondero

al tramonto, poetica, idealizzata, irraggiungibile... È un'arca di Noè con cui attraversare il mare del tempo, per salvare ciò che è importante e portarlo con sé, per ereditare il segreto delle cose semplici e ritrovare il pensiero affinché non voli astratto e fragile ma diventi mani, e corpo, e canto. E comprendere perché la stanza più sicura, più intima di una casa debba custodire il grano, non i gioielli. Allora, questo luogo è e sarà sempre il museo del presente e un soffio verso un futuro pieno di vita.

È difficile andar via da qui, distaccarci da questo mondo in bilico tra realtà e immaginazione, tra i suoni della natura e quelli della poesia, tra i frammenti colorati dei carretti siciliani, gli scenari dipinti dell'*opra*, e i pupi appesi alle pareti che ci guardano fissi, come se potessero ascoltare i nostri pensieri più segreti.

I pupi non dormono mai, sembra che all'improvviso possano muoversi, dirci qualcosa, rivivere quelle loro storie appassionanti fatte di miracoli e incantesimi, di maghi e diavoli, di anime dibattute tra il bene e il male, la croce e la spada, l'amor di Dio e l'amor di donna. Per attingere alla fonte di questa magia e vederli risplendere nel loro mondo di eroismo e coraggio, di follia e tradimenti, bisogna andar via, giù di nuovo fino al mare, a Ortigia, nel laboratorio-teatro dei fratelli Vaccaro-Mauceri, in Via della Giudecca. Poco distanti dal teatrino, abbiamo anche la fortuna di visitare il loro laboratorio e un piccolo *Museo dei Pupi*.

Le loro storie erano così presenti nella fantasia della gente che questa vita eroica ha mantenuto un suo luogo segreto nella mente dei Siciliani, rendendoli capaci di trasformare anche le cose più umili o banali in vicende fantastiche e miracolose: aneddoti ed episodi di quotidianità, racconti di viaggio, memorie giovanili si tingono così di sapienza patriarcale, diventano epopea e proverbio, canto d'amore, leggenda, mistero.

In questa via di Ortigia possiamo conoscerli uno per uno, come in una fucina di caratteri, ognuno con i suoi tratti distintivi e inderogabili, fondamentali per poter interpretare fino alle ultime conseguenze la propria parte.

Carlo Magno, biondo e barbuto, con l'elmo incoronato da uno scudo col giglio, è coraggioso e pieno di debolezze; soprattutto, è il sovrano di Francia servo di Cristo. Orlando, forte e fedele, ha i baffi neri e la Durlindana, comanda i paladini ed è il valore illuminato da Dio. Rinaldo è il coraggio dell'uomo puro e istintivo, cavalca Baiardo, ha la spada Fusberta e porta il pizzo biondo. Astolfo è la grazia della fantasia e il dono del coraggio, perciò ha la lancia fatata di Argalia e va in groppa all'Ippogrifo. Il bruno Malagigi, di nero e rosso vestito, è il cristiano allevato dal mago Merlino, impugna la verga del mago-maestro con cui sottomette le forze brute e diaboliche al potere dello spirito. Gano di Maganza è il suo contrario, perché in lui è la forza diabolica a vincere sullo spirito: è lui il cristiano traditore e falso, oscuro come il pipistrello che porta sull'armatura.

E diversissime tra loro sono anche le donne: Angelica, la principessa del Catai, bella e ambigua. Alda, passionale e fedele. Bradamante, vestita d'armi e insieme di rosa, amore caldo e attivo che combatte, salva e redime: per lei l'amato Ruggero, generale africano, si converte, per lei si salva.

Ci sono giganti grotteschi e nemici malvagi, come Agramante e Gradasso, o come Ferraù principe di tutte le Spagne, con la fronte corrugata e i baffi ricurvi dalla collera: sotto la corazza indossa sette cinture di piastra e maglia per non essere colpito all'ombelico, ma neanche queste impediranno a Orlando di arrivare al suo punto mortale.

L'*oprante* ha tutta la dignità di questo mondo fantasioso, non tira semplicemente i fili dei pupi ma dialoga con loro, nascosto a noi che guardiamo lo spettacolo.

*Via della Giudecca* 19. Siamo entrati in questo teatro piccolissimo, con una platea di 35 posti su panche di legno e al centro un arco di pietra che incornicia la struttura scenica dai colori tradizionali, drappi rossi su fondo azzurro-cielo e decori dorati. Su questo palco di appena tre metri per due vedremo Orlando perdere il senno per la bella Angelica, quando scopre che ama Medoro, e passare dall'incredulità alla rabbia, poi ancora alla tenerezza dettata da visioni e voci illusorie, fino alla follia. Allora, con gli occhi cerchiati di rosso e una veste bianca da malato, getterà via l'armatura, truciderà contadini inermi. E vedremo Astolfo volare sulla luna con l'Ippogrifo, attraversare un mare nero, uccidere un mostro a sette teste e un drago per prendere l'ampolla col senno perduto; Angelica togliersi la vita dopo la morte dell'amato Medoro per mano di Ferraù; Bradamante coronare il suo sogno d'amore.

Spargendoci dalla prima fila possiamo scorgere l'affascinante retroscena di questo teatro magico: la balaustra che sostiene i fondali e la pedana su cui camminano i *manianti*[9] che fanno muovere e *cummattiri*[10] i pupi, mentre i *parraturi*[11] danno loro

[9] "Coloro che maneggiano."
[10] "Combattere."
[11] "Coloro che parlano."

voce e i *pruituri*[12] porgono con mani veloci il personaggio che dovrà entrare in scena. Gli effetti sonori sono semplici ed efficaci: il suono del tamburo e degli zoccoli battuti sulla pedana cadenzano le scene di duello o di annuncio, le catene enfatizzano la presenza di creature magiche o sovrannaturali.

Sono i pupari stessi a costruire le loro creature che governeranno non attraverso fili ma usando aste di ferro, più adatte al movimento preciso, al combattimento.

Questa tradizione così antica arriva stabilmente a Siracusa piuttosto tardi, alla fine dell'Ottocento. Tutto ebbe inizio quando un giovane stagnino, scultore e decoratore di nome Francesco Puzzo, vide uno spettacolo di pupari girovaghi nella *Vanedda 'e bottai* (Vicolo dei bottai), e ne rimase incantato. Decise quindi di realizzarne alcuni e debuttò con grande successo in uno scantinato di Via Minniti: era il 1875. Il figlio Ernesto seguì le orme di "don Ciccio" e a sua volta trasmise tutto il suo sapere al "discepolo" Rosario Vaccaro: questi amò talmente il suo mestiere da non lasciarsi fermare neanche dalla malattia che nel 1936 aveva totalmente paralizzato il suo lato sinistro. Proprio come i suoi pupi, Vaccaro ebbe uno spirito indomito e non si arrese, non smise mai di perseguire il suo sogno.

Così, per necessità, rielaborò creativamente tutto ciò che aveva imparato e, non potendo intagliare e scolpire legni robusti come il tiglio o il faggio, iniziò a realizzare – su un'anima di legno – visi di cartapesta, mentre per il corpo utilizzò il pino, più morbido degli altri. I suoi pupi furono più piccoli (arrivarono a 85 centimetri) ma decisamente eroici. Accanto a lui, sempre, il fratello Alfredo, mentre la sorella Angela e la madre realizzavano vestiti e paramenti.

Oggi la loro arte è stata ereditata dai fratelli Mauceri, nipoti di Alfredo Vaccaro, che hanno avuto il coraggio di mantenere e insieme rinnovare questa preziosa tradizione. Alfredo e Daniel costruiscono i pupi con un'ossatura in legno di faggio e busto

---

12 "Coloro che porgono."

in legno di pino ricoperto poi di materiale morbido, mentre la maschera di cartapesta è applicata alla testa sbozzata in legno di pino. I pupi vengono poi dipinti, i guerrieri rivestiti di splendide corazze in rame e dotati di scudi cesellati con ghirigori e raffinate fioriture: i cristiani portano generalmente un gonnellino e un mantello, i Saraceni pantaloni corti e turbanti. I volti dei pupi dei Mauceri non sono caricaturali, hanno tratti somatici più reali, umani, e più umane di quanto si creda sono queste storie, al punto da diventare un dono doloroso, dolceamaro.

Astolfo ha portato a termine la sua missione vincendo il mare in tempesta, superato i perigli del mostro dalle sette teste e sconfitto il drago lunare, ma in questo ha anche salvato mille cavalieri incantati dalla strega Gualernia, che porteranno sulla terra odio, discordia e guerre.

Non c'è lieto fine nell'*Opra dei Pupi*, e i paladini che abbiamo amato, con cui abbiamo riso, che abbiamo visto combattere e soffrire, moriranno tutti. Sono loro gli eroi di Roncisvalle[13], la retroguardia di Carlo Magno che proteggerà il sovrano e le truppe cristiane perché rientrino salvi in patria. Astolfo sarà il primo a cadere, mentre a Orlando toccherà il destino di veder prima morire tutti i suoi compagni. Riecheggia sui Pirenei, ancora per qualche istante, il corno suonato dal paladino, l'olifante che chiama, invano, l'ultimo soccorso.

---

[13] Sono tanti i soggetti (molti tratti dai materiali narrativi selezionati e ricuciti da Giusto Lodico), ma quello principale è la rotta di Roncisvalle, la disfatta della retroguardia franca di Carlo Magno avvenuta nel 778 d.C. nella Spagna occupata dagli Arabi. Carlo Magno si adopera per liberare la penisola iberica dal dominio arabo, raccogliendo l'invito di un signore musulmano in attrito con altri musulmani. Così organizza una spedizione con l'idea di annettere al proprio regno nuovi territori ma, dopo i successi iniziali, una rivolta dei Sassoni oltre il Reno si conclude con il ritiro delle truppe cristiane attraverso i Pirenei. I Franchi procedono in direzione della loro patria, protetti dalla retroguardia. Un manipolo di uomini guidato da Orlando viene inaspettatamente attaccato al passo di Roncisvalle dove è interamente distrutto dai Baschi.

# V
# Vittorini

Guardai gli alberi, oleandri, del bastione, da cui il sole del tramonto se ne andava via, foglia dopo foglia.

Elio Vittorini, *Il garofano rosso*

«Vi sono nel mondo città che non appartengono solo ai loro cittadini, ma a tutto il mondo. Esse sono nel cuore degli uomini di tutto il mondo, non altro che col loro nome il più delle volte: da come lo abbiamo sentito pronunciare un giorno della nostra infanzia a come lo abbiamo visto segnato su un atlante un altro giorno, e attraverso i modi infiniti in cui si è confermato in noi leggendo libri e giornali, ricevendo una lettera, ricevendo una cartolina, discorrendo con uno sconosciuto»[1].

È con lo sguardo sognante e un cuore cosmopolita che Elio Vittorini riesce sempre a guardare il mondo, mettendolo davanti ai nostri occhi come a osservarlo dall'alto, quasi fossimo in volo e potessimo coglierne l'immagine aerea. Babilonia e Cartagine, Shanghai e New York, la Sicilia, la Persia, le città presenti e vive, quelle sepolte e perdute di cui ci ha parlato la storia.

Eppure questa esigenza di universalità non porta mai Vittorini verso l'astrazione; al contrario, rende ancora più precisa l'attenzione verso i bisogni concreti, più intensa la cura, mista a una forma di stupore quasi adolescenziale per le cose che ci circondano.

E il punto di partenza per questo scrittore-viaggiatore è pro-

[1] Elio Vittorini, *Diario in Pubblico*, 1999, p. 235. Il testo è stato pubblicato anche sulla rivista *Il Politecnico*, n. 30.

prio a Siracusa, in Ortigia, al numero 140 della *Mastra Rua*[2]. Qui abitavano i nonni materni di Elio, gli Sgandurra, qui l'intera famiglia soggiornava quando il padre dello scrittore, ferroviere, prendeva le ferie. I vicini li avevano soprannominati "gli Americani", per la varietà di persone e di accenti che componevano questa famiglia così numerosa, per la loro estraneità al luogo, probabilmente anche per il loro essere rumorosi. Elio chiamava quella dei nonni «la casa senza porte» perché abitata da parenti, dal piano terra al secondo, in costante comunicazione tra loro, con un modo di vivere che ignorava muri e confini. Anche per questa ragione ebbe tre madri: Lucia, la zia Peppina e la zia Maria.

Dà una strana sensazione fermarsi dinanzi al muro screpolato di questa vecchia palazzina a due piani, verniciata di rosa, immersa in un silenzio che somiglia più al sonno che all'abbandono. Una lapide porta incise queste parole:

IN QUESTA CASA IL 23 LUGLIO 1908 NACQUE
ELIO VITTORINI
ASSERTORE DI LIBERTÀ
PROTAGONISTA DELLA LETTERATURA ITALIANA
ONORÒ SIRACUSA L'ITALIA LA CULTURA
LA CITTÀ MEMORE IL 75° DELLA NASCITA

La *Mastra Rua* è una via nobile e insieme popolare, in cui gli odori e i ritmi di una vita semplice si alternano alle magnificenze architettoniche di antichi palazzi nobiliari, segnati per lo più da quella trascurata bellezza che racconta glorie trascorse e ricorda nobiltà decadute. Era, questa, la "Via Maestra" per eccellenza dai tempi dei Catalani, poi distrutta in buona parte dal terremoto del 1693 e successivamente ricostruita, come tutta l'isola di Ortigia. Vi spiccano alcune perle architettoniche, come *Palazzo*

[2] La strada, chiamata dal "popolo di Ortigia" *Masciarrò*, si chiama oggi *Via Vittorio Veneto.*

*Blanco*, con il magnifico cortile in stile catalano, *Palazzo Interlandi* (n. 89), *Palazzo Monteforte* (n. 93), il secentesco *Palazzo Vitale* (n. 14), *Palazzo Bongiovanni* ad angolo con Via Mirabella, *Casa Mezio* e l'oratorio di *San Filippo Neri*, che ristrutturato alla fine del Settecento divenne poi il Liceo Classico Gargallo[3].

È questa la scuola che Vittorini, ostacolato dal padre, non poté frequentare ma per i cui studenti scriveva regolarmente i temi di italiano. Partecipò persino alle occupazioni dell'istituto, nel 1923, a seguito della riforma Gentile, e questo – aggiunto al fatto che non volle rivelare i nomi dei suoi "compagni-complici" – gli costò l'anno. Con onore.

Memorie sparse, scritti e testimonianze, si mescolano alle atmosfere dei vicoli, agli squarci che dalla strada si aprono sul mare o sui resti dei bastioni spagnoli che cingevano Ortigia. Nei giorni di vento e mareggiata le onde, schiantandosi sui frangiflutti, arrivano sulle strade e sul piazzale che si apre dalla *Mastra Rua/Via Veneto* o nel *Belvedere San Giacomo*.

Allora è meglio percorrere le strade interne, come la *Via Resalibera*, una strada piena di vita e di case, di botteghe e di suoni accavallati gli uni sugli altri, per arrivare fino al *Tempio di Apollo* e a *Piazza Pancali*, dove il nonno di Elio, barbiere, gestiva la sua attività.

Soprattutto, il vecchio Sgandurra era un punto di riferimento, capace di fare salassi con sanguisughe e cavare denti, elargire consigli: Edmondo De Amicis, che durante un suo viaggio a Siracusa capitò per caso nella sua bottega, si stupì di trovarvi un barbiere così straordinariamente colto[4].

Lo stesso destino toccò a Sebastiano Vittorini, padre di Elio, ferroviere di professione e studioso appassionato di letteratura e di teatro. Ma il figlio non dice quasi niente di lui, con la tipica

---

[3] L'ingresso principale dell'istituto era in Via Gargallo.

[4] Notizie e aneddoti sugli anni giovanili di Elio sono prevalentemente tratte dalle memorie della sorella Iole; cfr. Iole Vittorini, *Mio fratello Elio*, 1989.

riservatezza dell'uomo siciliano, se non che era ferroviere e che aveva gli occhi azzurri[5]; le sue descrizioni parlano d'altro...

> Siracusa è una città di marinai e di contadini costruita su un isolotto che un lungo ponte congiunge alla Sicilia. Io vi sono nato il 23 luglio 1908 in una casa da cui ho visto naufragare, quando avevo sette anni, un piroscafo carico di cinesi. C'erano bastioni a picco sugli scogli dietro la casa, e da una parte, un centinaio di metri più in là, il piazzale dove i contadini del rione, tornando la sera dal lavoro dei campi, lasciavano a stanghe per aria i loro carretti. Essi si portavano le bestie in casa, chi asino, chi mulo, chi cavallo, tornando ogni sera tra le sette e le nove per ripartire alle tre del mattino. In ogni casa c'era un cortiletto con un chiuso di legno per le bestie con una vasca di pietra per fare il bucato. Uomini che tornavano la sera con le bestie nella nostra casa, donne che lavavano nella vasca di pietra nel nostro cortile erano miei congiunti per parte di madre: zii per parte di madre, cugini per parte di madre. Dei miei congiunti per parte di padre, invece, io ho solo sentito parlare: erano marinai. Ma mio padre era ferroviere e noi si abitava nella casa di Siracusa, con la famiglia di mia madre, solo quando lui prendeva le ferie. E per il resto si stava in piccole stazioni ferroviarie con piccole reti metalliche alle finestre e il deserto intorno[6].

Quella di Vittorini è una famiglia di migranti nelle stazioni ferroviarie della Sicilia, in case cantoniere con le grate alle finestre e campagna a perdita d'occhio. Luoghi segregati ma anche spazi in cui giocare liberi – nonostante la malaria –, in cui esprimere la curiosità verso il mondo. E curiosissimo era Elio, appassionato di *Robinson Crusoe* e *Le Mille e una notte*, che anche da ragazzo

---

[5] Lo fa "rivivere", però, in tanti suoi personaggi: il poeta-ferroviere di *Uomini e no*; il capostazione che recita *Macbeth* di *Conversazione in Sicilia*; il padre autoritario ed ex socialista de *Il Garofano Rosso*. Cfr. Anselmo Madeddu, "Vittorini", in *La peste del sonno*, 1993, pp. 93-110.

[6] Nei primi mesi del 1949 Vittorini scrisse una breve autobiografia intitolata *Della mia vita fino a oggi raccontata ai miei lettori stranieri*, stampata dall'editore Bompiani. Il testo, da cui è tratta la citazione, venne poi pubblicato in appendice a *Gli anni del Politecnico*, a cura di Carlo Minoia, 1977.

*Ortigia, un balcone in Via del Collegio.*
Foto di Mario Dondero

amava mettere in scena, con i due fratelli e la sorella, nella terrazza della stazione di Siracusa, tra cuscini, tappeti e drappeggi esotici, in quel mondo segreto e un po' magico che i Vittorini condivisero sempre, anche nelle distanze.

Sin da bambino saccheggia la biblioteca del padre, a sua insaputa, strappa le pagine con certe mappe geografiche, le appende alle pareti, racchiude in cerchi le città e i territori che costituiscono motivo di interesse: forse è allora che inizia a scrivere, nella profondità della sua vita, *Le città del mondo*. Fino ai dodici anni Elio e il fratello Ugo giocano spensierati, tra gli animali, le campagne, dove amano riempire ciotole di ricotta e mangiarla con il pane; poi si trasferiscono stabilmente a Siracusa, dai nonni, per frequentare le scuole.

Vittorini cresce, nella sua *Mastra Rua* e nella sua Ortigia, tra fughe da casa e ritorni, tra il nonno Sgandurra e l'inseparabile fratello Ugo, l'amico Mezio e l'anarchico Failla, artigiano impagliatore di sedie, tra la scuola desiderata e mai frequentata da studente – il Liceo Gargallo – e quella imposta, l'Istituto tecnico per ragionieri, il Rizza; tra le letture presso la Biblioteca Comunale, allora in Via San Pietro, e quella dell'Arcivescovado, in Via Minerva[7].

E poi, le passeggiate in Via Maestranza, con il suo caffè "Unione", luogo di incontro con gli amici, e Piazza Archimede, dove in una giornata primaverile di sole e di vento, sotto il grande orologio, disse loro che andava via, al Nord, e che avrebbe sposato Rosina, sorella del poeta Quasimodo.

I due fuggirono insieme, ma poiché l'albergo non volle ospitare una coppia di giovani non uniti in matrimonio, trascorsero la prima notte al Teatro Greco, sotto una coltre di cielo e di stelle. Tra il '28 e il '29 Vittorini parte, va a Firenze, inizia la sua esperienza di scrittore, conosce Montale e i Solariani. Le sue strade e quelle della famiglia si separano. Ma il distacco è solo apparente, perché la Sicilia, ora, entra nei libri dello scrittore, si fa racconto, diventa mito e metafora.

Così *Il Garofano rosso* sa regalarci, alla sua prima pagina, una tra le più belle descrizioni di Piazza Duomo, un luogo fisico che è soprattutto uno spazio di libertà, dove i bambini corrono urlando e le loro voci si amplificano, come fossero in aperta campagna:

> Là era, difatti, una campagna di sole: piazza Duomo (...) con le sue palazzine rosse settecentesche a semicerchio, col suo puzzo di preti che veniva dall'Arcivescovado insieme a un odore di limoni, e la gradinata del Duomo dal sommo della quale si scorgeva oltre tetti e tetti una striscia abbagliante di mare canuto.

E Alessio, il protagonista *alter ego* di Elio, pur sedendo al bar con gli amici a mandar giù granite di mandorla e fare discorsi

---

[7] Nel 1979 Alfredo Mezio pubblicò sul numero 3 de *L'Antipatico* un ritrattino di Vittorini intitolato "Vittorini in seminario", da cui sono tratti alcuni riferimenti alla formazione e agli anni giovanili dello scrittore (il testo di Mezio è stato ristampato anche su *Lunarionuovo*, anno III, n. 12, 1981).

rivoluzionari, non riesce a resistere a queste voci acerbe di bambini in corsa e vorrebbe, contemporaneamente, essere lì con loro, attraversare «la prateria della piazza» e spiccare il volo dai gradini della chiesa, come un puledro.

Nulla è cambiato. Nei pomeriggi di ogni stagione, Piazza Duomo è terra di bambini liberi. E vederli così ci fa assomigliare, anche segretamente, a loro, come in un contagio di felicità.

Vittorini è uno sguardo sul mondo. Allora, attraversare la Sicilia diviene in primo luogo curiosità, dialogo, ricerca di verità, capacità di contenere nella propria vita incontri straordinari.

Bisogna salire in macchina e imboccare la strada che da Siracusa porta a Rosolini e poi proseguire verso Modica o Ragusa Ibla, Scicli, in un susseguirsi di acropoli barocche e tetti ammonticchiati, finestre che si annidano nel cuore delle montagne, distese di pietra bianca e rugosa, che si snoda nei muri a secco per centinaia di chilometri o compone magnifiche masserie e case coloniche. E lasciarsi rapire dai paesaggi, quando l'oscurità trasforma i paesi in alveari di lumi brulicanti o, continuando verso l'entroterra, quando appare quell'Africa siciliana fatta di dune e pendii, dove non si vede volare altro uccello che il corvo.

Le mucche con i loro occhi immensi, gli ulivi inondati di sole e i carrubi, che in controluce, neri nel tramonto, sembrano ancora più grandi, immobili – ora è facile capire perché quest'albero è chiamato in dialetto *patri ranni*, padre grande. Nei sentieri che da Siracusa entrano a Ragusa, come in dissolvenza, in una transizione dolce, quasi naturale, il formaggio diventa poesia, nelle sue declinazioni di stagionatura. La ricotta è un miracolo, come dice Elio ne *Le città del mondo*: «delicata, ci dà in un sapore soave, tutto ciò che il formaggio ci darà in acuto, a stagione conclusa». Perché «il sapore di tutto ciò che vediamo e sentiamo è fatto anche di questo spazio e di questo sole, oltre che di latte».

Il canto dello scrittore diventa desiderio, slancio ad amare di più la vita e il mondo, a non offenderla, a difendere il paesaggio come fosse un tutt'uno con la dignità umana perché «più una città è bella più la gente è bella, come se vi fosse aria più buona». I pensieri, i suggerimenti si accavallano nel viaggio in questo Sud-est della Sicilia, tra terre verdeggianti e terre rosse «come groppe di volpi».

Questo mondo in cui un albero può essere chiamato *padre* è fatto di profumi, di sapori, di misteri e slanci, di amarezze, come il mondo di *Conversazione in Sicilia*.

Rimangono impresse nella memoria le immagini, le descrizioni di Vittorini (accompagnate nella prima edizione dalle indimenticabili fotografie di Crocenzi): il traghetto che attraversa il mare, un uomo con una moglie-bambina e un cesto pieno di arance, gli sgombri arrosto che la madre prepara, mentre parla e pensa, con il suo scialle rosso e l'amore smisurato per il figlio. Vecchi silenziosi e veri, come l'arrotino che parla del «mondo offeso», o quelli che bevono insieme vino in un'osteria. Il «Gran Lombardo», l'uomo illuminato che è chiamato ad «altri doveri», all'impegno civile per costruire un futuro migliore. E l'acqua viva da bere, perché «solo l'acqua lava le offese del mondo».

Esiste, questa Sicilia. Basta cercarla, o anche sedersi e aspettare, in un bar, su una panchina; ci sono persone piene d'occhi che con essi esprimono tutti i loro pensieri, come in un racconto mitico, e altre che in qualche modo ci scelgono, come se ci conoscessero da sempre, per raccontarci qualcosa, e condividere con noi memorie e conoscenza.

Non bisogna aver fretta qui, né essere invadenti. Bisogna che le cose si manifestino naturalmente.

Leggendo *Conversazione in Sicilia* si sente il rumore, il dondolio del treno, come se leggere Vittorini fosse in sé un viaggio che rende Siracusa luogo e meta immaginaria, simbolica, sin dalle prime pagine. Ecco Lentini con i suoi declivi di aranci, e la campagna di rocce verso Siracusa; di Augusta vede un «monte di morte case in mezzo al mare, tra velivoli e navi e tra saline sotto il sole», ma non ancora l'impianto industriale che oggi alla vista quasi spaventa. Poi, finalmente, Siracusa, con il suo

*Rifugio antiaereo negli ipogei di Siracusa durante la seconda guerra mondiale.*
Foto di Angelo Maltese

mare e la campagna vuota, e dietro la campagna, tra le rocce, il Duomo: un'epifania.

C'è un misto di poesia e nostalgia in ogni parola, c'è tutta la bellezza e la malinconia di questa terra.

Elio non torna quasi più a Siracusa. Nel 1943 fa uno dei suoi pochi viaggi in una Sicilia dilaniata dai bombardamenti; la sua famiglia vive ora alla Borgata, nel quartiere di Santa Lucia, con il suo porticciolo e le case a due piani, in quella poetica semplicità che il quartiere mantiene ancora. Le catacombe (vedi voce *Morti*) sono divenute tutte rifugi antiaerei: quella di Santa Lucia, quella di San Giovanni, come anche gli ipogei di Piazza Duomo. Le foto d'epoca raccontano le incursioni attraverso gli sguardi preoccupati e stanchi delle persone rifugiate in questi sotterranei di Siracusa; unica eccezione i bambini, che mantengono occhi curiosi e ridenti, come se anche sottoterra riuscissero a giocare e divertirsi.

Elio arriva in città senza bagaglio, con una tuta blu, uno

zainetto, pochi appunti, un costume da bagno. È qui a radunare alcune forze di liberazione, ma molti tra i vecchi amici lo rinnegano; non sono più anarchici ma funzionari ben inseriti nel sistema. Lui comprende, fa una lunga nuotata, si prepara a ripartire. "Altri doveri" lo attendono, e una vita dedicata alla scrittura, alla cultura militante (le riviste *Il Politecnico* e *Menabò*, l'attività editoriale), alla scoperta della letteratura americana che riuscirà a promuovere in un paese così difficile, ostile al nuovo; soprattutto, alla ricerca di una costante relazione tra cultura e vita e, per certi versi, tra cultura e felicità.

Poi, lo aspetterà un nuovo incontro, una nuova compagna, Ginetta Varisco.

Ai familiari non resta che rivolgere un ultimo sguardo, dalla casa, tra i palazzi, dove uno spazio vuoto consente di vedere i treni in corsa.

Per pochi istanti il viso di Elio apparve sorridente, poi sparì, ancora una volta, nel movimento senza sosta della sua vita.

# Z

## Zucchero

> Una scossa e il bianco mangiare cadeva perfettamente in mezzo, lucido come un uovo sodo (...). Su quelle bianche montagne tremolanti spargevo un velo di cannella e poi vi grattugiavo sopra il cioccolato nero.
>
> Simonetta Agnello Hornby, *Un filo d'olio*

C'è una via in Ortigia che un tempo appartenne ai conventi e al silenzio, una strada in discesa, poco oltre Piazza Duomo, tra i monasteri di Santa Lucia dentro le mura e Santa Maria di Montevergini. Un arco sorregge un corridoio soprelevato che congiunge i due edifici, per rendere possibile l'accesso senza entrare in contatto con il mondo esterno. Lo chiamano l'*Arco delle Vergini* (e alle Vergini si intitola la via), ma oggi, dalla grata che chiude la finestra, non si scorge più la vita delle diafane inquiline, che non abitano più qui da molto tempo.

Fu Osorio de Vega, governatore di Siracusa (e parente del viceré Giovanni de Vega), a fare costruire questo complesso monastico delle Cistercensi della regola di San Bernardo, nel luogo in cui era sorto prima il monastero trecentesco consacrato a Sant'Eustachio. Successivamente, al complesso monastico fu affiancata una chiesa barocca, *Santa Maria di Montevergini*, progettata da Andrea Vermexio. Tra terremoti e restauri, bombardamenti e ricostruzioni, questo luogo si è trasformato molte volte, nell'aspetto e nella funzione, fino a essere oggi la sede di una galleria d'arte contemporanea. All'ingresso, ancora visibili, le grate del parlatorio, incastonate nella pietra bianca... è quasi un moto spontaneo, qui, bisbigliare, raccogliersi nel silenzio.

*Basilica di Santa Lucia al Sepolcro* (o *extra moenia*), *Santa Rita*.
Foto di Luana Iudica

Nei giorni di pioggia o la mattina presto la strada profuma di un odore d'erba intenso e pungente; chiudendo gli occhi ci pare d'essere negli inaccessibili giardini del vicino seminario arcivescovile, che si affaccia ancora su Via Santa Lucia; gli alberi di limoni raggiungono le nostre narici pur chiudendosi ai nostri passi, attraverso cancelli che non s'aprono mai.

Dall'ex *Convento di Santa Lucia* arriva spesso un vocio di bambini che giocano a calcio, immersi in quella loro inarrivabile felicità del sabato pomeriggio.

Così, dai vecchi monasteri di Ortigia giungono sino a noi tracce di una nuova vita: alcuni sono divenuti scuole o oratori, altri caserme o sedi istituzionali, quando non siano invece edifici totalmente abbandonati, tra porte serrate o muri sbreccati a testimoniare un'epoca, un mondo che non esiste più. Rimangono talvolta aperte le chiese, come quella, bellissima, di *Santa Maria delle Monache*, in Via Roma, con il pavimento in maiolica napoletana, seducente, inatteso, quegli stucchi che paiono fatti di zucchero e la cantoria in alto, chiusa da una fitta grata claustrale. C'è *San Benedetto* con la sua ringhiera in ferro battuto che si allunga in alto, segno dell'antico monastero che includeva parte dell'attuale Museo (la Galleria Regionale di Palazzo Bellomo), o la *Casa del Ritiro*, in Via Mirabella, che accoglieva le donne che desideravano ritirarsi dal mondo ed esercitarsi nelle virtù religiose[1]. *Santa Croce*, sul Lungomare di levante, era sempre pronto ad aprire le porte alle donne che erano in lite con i mariti, prima di diventare un carcere femminile, quello delle *Ree pentite*.

Ma questi luoghi "separati" dal resto non erano destinati soltanto al silenzio e alla preghiera, non erano così eterei come li potremmo immaginare: molti dei dolci tipici siciliani sono nati proprio nei conventi – soprattutto nei grandi monasteri di Palermo – che seppero unire, come in una immaginaria, sconfinata biblioteca dei sapori, la conoscenza portata dagli Arabi e quella arrivata dalla Spagna, le ricette popolari e le tradizioni legate alle festività religiose, incluse quelle degli azzimi che erano passate al cristianesimo dalla liturgia ebraica. Immaginiamo le mani delle monache impegnate a confezionare – tra riserve di miele e zucchero, sacchi di farina, marmellate, cannella e spezie d'ogni tipo – le loro specialità dolciarie, per le visite o per le festività. Poi, quando dopo l'Unità d'Italia nuove leggi decretarono la soppressione degli ordini conventuali, i loro ricettari segreti iniziarono a diffondersi, a essere conosciuti altrove, a entrare nelle case e diventare patrimonio condiviso.

Questi luoghi, queste storie, ci hanno condotto fin qui, davanti alla vetrina di una pasticceria del centro, a gustare la visione di intere cassette di frutta piene di colore: mandarini, fichi, albicocche, ciliegie, fragole, fichi d'India, persino piccole fette d'anguria. Alcuni frutti sono ancora acerbi, verdognoli, altri

---

[1] Successivamente divenne monastero di clausura delle Carmelitane.

sono maturi a tal punto da riportare con estremo e compiaciuto realismo i tratti di un imminente disfacimento. Siamo dinanzi alle composizioni di "frutta martorana", fatte di pasta reale, un composto di zucchero e mandorle accuratamente dipinto con colori naturali[2], che nacquero nel monastero benedettino fondato a Palermo dalla nobildonna Eloisa Martorana, da cui trassero il nome. Sembra che sin dalle origini il godimento dell'occhio superasse quello del palato e che questi dolcissimi frutti fossero stati confezionati dalle monache per decorare il loro giardino in occasione della visita di una persona illustre, un alto prelato, il papa o persino un re[3].

Una gara con la natura, per renderla ancora più rigogliosa, sfacciatamente opulenta.

L'idea di eternità, di fecondità e rinascita è, da sempre, incarnata dall'uovo, il simbolo della vita che si rinnova: la domenica di Pasqua non si assapora soltanto nella più moderna versione di cioccolato, ma dentro dolci che sembrano fatti di pane, pieni di una magia antica. Sono biscotti di pasta frolla ricoperti di scaglie di zucchero colorato e un "cuore" formato da un uovo sodo: li chiamano *pupi cull'ovo* o *aceddi cull'ovo*[4], sono belli e sono buoni.

Fermiamoci ancora, davanti al bancone, a osservare intere greggi di agnelli di mandorle e zucchero che sembrano ora guardare noi, con i loro cento occhi; sono vere e proprie sculture riprodotte in serie su uno stampo o lavorate a mano, ancora tiepide e morbide, da mani esperte[5]. La Pasqua si attendeva in

---

2 Antonino Uccello, "La frutta martorana e del modo di pittarla", in *Del mangiar siracusano*, 2000, pp. 80-83.

3 Da questo avvenimento potrebbe derivare il nome di "pasta reale" per l'impasto utilizzato.

4 I *pupi* riproducono per lo più figure antropomorfe (anche con elementi immaginari) entro le quali vengono racchiuse uova sode; *aceddi* significa uccelli.

5 Nei luoghi che li inventarono, a Favara, in provincia di Agrigento,

penitenza, con dolci semplici senza latte né burro, come i quaresimali, perché ogni cosa si svolgesse a suo tempo. Non ci si imbellettava di Venerdì Santo, si parlava a bassa voce, non si suonava il pianoforte in casa... *Maliritta chidda trizza ca di venniri si intrizza*[6], si diceva; si impastava il pane però, con le proprie mani, per attirare in casa la benedizione di Dio: *Biniditta chidda pasta ca lu venniri si impasta*[7].

Poi, il sabato a mezzogiorno le campane si sciglievano, prima della funzione: erano il suono della resurrezione, e la domenica si mangiavano questi dolci, come una gioia conquistata e attesa. L'agnello di Dio, fatto di zucchero, e la colomba con in grembo l'uovo dell'eternità.

La mandorla a Siracusa è la signora incontrastata[8], diventa farina per mescolarsi allo zucchero e ai bianchi d'uovo e declinarsi in forme sempre diverse e continue rielaborazioni: paste di mandorle e pistacchi, mandorle e mandarino, con scorze di limone, con frutta candita, con il chicco di caffè o la mandorla tostata, paste rotonde, a forma di esse, pasticcini schiacciati con la ciliegia al centro.

Questo dolcissimo *excursus* potrebbe non avere mai fine, tra i buccellati in pasta frolla ripieni di fichi secchi e arancia candita, le nevose granite, la cuccìa di Santa Lucia e le ossa dei morti, le crispelle di riso annegate nel miele, le gelatine di frutta, il torrone, i rosoli, quei distillati di alcol e zucchero in cui si lasciano macerare per giorni frutta, petali di rosa o bastoncini di cannella, e che dietro la parvenza di innocui sciroppi sanno essere elisir rischiosi, da far girare la testa.

Ma è ora di fermarsi, lasciandoci con la dolcezza delle dolcez-

---

oltrepassato l'involucro esterno raggiungeremo un'anima tenera, fatta di crema di pistacchi.

[6] "Maledetta quella treccia che di venerdì si intreccia."

[7] "Benedetta quella pasta che di venerdì si impasta."

[8] Leonardo Sciascia, "Mandorla di ovale perfetto", in Antonino Uccello, *Del mangiar siracusano*, 2000, p. 85.

*Cannoli di ricotta.*
Foto di Luana Iudica

ze, il simbolo della Sicilia, in ogni sua provincia, fino a questo angolo che chiude a sud la grande isola.

Non sappiamo se sia un dolce carnevalesco o se sia stato "inventato" in un convento di clausura. Alcuni dicono che sia nato da uno scherzo di carnevale, da un rubinetto da cui fuoriusciva della crema anziché acqua; altri da un harem saraceno per deliziare il sultano, a Caltanissetta, l'araba *Kalt El Nissa*, il "Castello delle donne"[9].

Origini ancora più antiche sono rievocate da una descrizione del cannolo nota in lingua latina: *tubus farinarius, dulcissimo edulio, ex lacte factus*[10], attribuita dagli eruditi, con un certo orgoglio, nientemeno che a Cicerone, che avrebbe assaggiato la

[9] Vedi a questo proposito Daniela Gambino, "L'invenzione del cannolo siciliano, simbolo della pasticceria sicula", in *101 storie sulla Sicilia che non ti hanno mai raccontato*, pp. 29-32.

[10] "Un rotolo di farina preparato con il latte, dolcissimo da mangiare."

primizia negli anni in cui soggiornò in Sicilia come questore. Di certo, questa creazione della pasticceria siciliana che chiude, pur svelandola già alla vista, una crema morbida e profumata dentro una *scoccia* (scorza) dura e croccante è una perfetta sintesi di questi luoghi, della loro doppia natura, della loro intensità.

Ed è come se un aspetto rafforzasse l'altro, quasi accrescendolo.

Se l'interno del cannolo, fatto di ricotta di pecora lavorata con zucchero e zuccata (zucca candita), o nelle sue varianti di cioccolata e di crema pasticcera, è un paradiso in cui tuffarsi, è proprio la scorza a crearne la magia, a fare la differenza, a rendere appassionante l'accesso, come un assedio che vada protratto per piccoli passi, per non fare sbriciolare il prezioso involucro e far fuoriuscire la crema in subitanee sbavature.

Questa cialda fatta di latte e burro, di zucchero e marsala, di sale e uovo, viene lavorata e tagliata in sottili quadrati e fatta arrotolare lungo la diagonale su piccoli cilindri in acciaio, che sostituiscono oggi gli originari pezzi di canna. Si frigge così, aggrappata ai cilindri che le danno forma, da cui si distacca solo quando sia divenuta fredda. Vanno riempiti al momento, mangiati espressi. Mangiati qui. Non è possibile portarli altrove, sarebbero come ombre di un sogno svanito, o come i minuscoli lapilli partoriti dall'Etna, che paiono zaffiri e topazi, un tesoro con cui riempire avidamente le tasche ma che, giunti sulla costa, saranno già divenuti pietre nere.

La vera magia di questa terra le rimane attaccata addosso, traluce nel ricordo, tra suggestioni e mitologie, ma non può essere riprodotta altrove, se non in forma di fantasia o di sogno.

È questo il suo incantamento, la sua maledizione, la ragione, forse, di tanti ritorni.

---

La citazione è contenuta nel *Dizionario Siciliano Italiano Latino* opera del gesuita Michele Del Bono, edito nel 1752.

# Epilogo

## $\pi$

«Chi sei?» chiede il soldato irrompendo dalla finestra della casa. L'uomo rimane immobile, con la testa china sulla tavoletta piena di sabbia. «Dimmi il tuo nome!» insiste l'invasore. Ma quello continua a tracciare con il dito figure geometriche nella polvere, non curandosi di altro. Allora il soldato romano si avvicina nervosamente a lui che a quel punto, indicando il disegno sabbioso, gli chiede di non rovinarlo. *Noli, obsecro, istum disturbare…*

Finalmente, senza dirgli il suo nome, gli rivolge la parola mentre continua a osservare quei segni, come attratto da un richiamo irresistibile, più urgente della minaccia che incombe, più forte della spada che lo avrebbe ucciso pochi istanti dopo.

Alcuni lo immaginarono così, Archimede, il giorno della sua morte, e anche nell'istantanea finale da consegnare ai posteri lo vollero legare per sempre alle sue figure geometriche.

Tutta la vita del genio di Siracusa non è che un lungo racconto che si dipana in sentieri fragili e sospesi come tele di ragno: ci rimangono attaccate addosso, queste storie, anche quando sappiamo che non possono essere vere, che quel fatidico giorno del 212 a.C. lo strenuo difensore di Siracusa non avrebbe potuto rimanere chiuso a studiare aspettando la morte mentre la sua città cadeva sotto il giogo romano, saccheggiata, bruciata, profanata.

Plutarco, Livio, Cicerone, Polibio, Diodoro, Vitruvio, Tsetses (erudito bizantino) e altri ancora ci sussurrano all'orecchio le gesta di questo nume immaginario in una giostra di aneddoti[1].

---

[1] Cfr. in particolare: Plutarco, *Vite parallele*, *Marcello*, 14 ss.; Tito Livio, *Storia di Roma dalla sua fondazione*, XXV, 23 ss.; Polibio, *Storie*, VIII,

Così, gli specchi capaci di bruciare a distanza le navi nemiche in una vampa fatale come una maledizione divina si mescolano alle frasi del genio che urla *Eureka!* correndo nudo per la città, per quei segreti dell'idrostatica "scoperti" mentre fa un bagno nella vasca, o che con orgoglio rimarca al re e ai suoi concittadini "Datemi un punto d'appoggio, e vi solleverò il mondo!", dopo aver varato con le sue leve la nave-fortezza Sirakosia, agilmente, come fosse un titano. Eppure, nulla di tutto questo traluce dagli scritti nutriti di rigore scientifico che inviava periodicamente ai dotti "amici" di Alessandria d'Egitto: Dositeo, Eratostene, Conone.

Creatura sospesa tra realtà e immaginazione, Archimede condivide con la città che gli ha dato i natali un destino contraddittorio, fatto di gloria e di oblio. Già pochi secoli dopo la sua morte, gli abitanti di Siracusa ignorano dove si trovi la tomba del suo cittadino più illustre: è Cicerone a raccontarlo, stupendosi con un certo compiacimento di essere stato proprio lui, «un uomo di Irpino», a scoprire tra i cespugli la tomba del genio siracusano e a mostrarla alla cittadinanza che ne sconosceva l'esistenza.

Ma quella immagine della sfera circondata da un cilindro in prossimità del sepolcro, l'indizio che aveva reso incontrovertibile il riconoscimento, si è dissolta di nuovo, come se lo stesso Archimede si divertisse a svanire e riapparire nel corso del tempo.

Quasi per estensione, un destino analogo spettò proprio a una delle sue opere più importanti, dedicata al metodo sui problemi meccanici. Il codice del X secolo d.C. che riproduceva il testo del *Metodo* fu infatti cancellato, due secoli dopo, con del succo di limone e della pietra pomice, perché potessero esserne riutilizzate le pagine: come la sua tomba, anche le parole di Archimede si nascosero, questa volta sotto una silloge di preghiere

3 ss.; Diodoro Siculo, *Biblioteca Storica*, V, 37, 2-3; Cicerone, *Tusculanae disputationes*, V, 23; Vitruvio, *De architectura*, IX, 9-13.

e di testi cristiani. Quando il prezioso manoscritto giunse nel 1906 a Istanbul dal monastero del Santo Sepolcro di Gerusalemme, il filologo danese Ludvig Heiberg riuscì a scorgervi con la lente le parole originarie, nascoste ma non erose, e rese possibile la pubblicazione del testo. Incredibilmente, dopo la prima guerra mondiale, forse durante un trasferimento alla Biblioteca Nazionale di Atene, il libro sparì di nuovo per "riemergere" alla fine del secolo scorso ed essere acquistato nel 1998 a un'asta di Christie's, a New York, da un miliardario inglese che lo tiene attualmente depositato al Walters Art Museum di Baltimora.

Forse non è un caso che sia proprio quest'opera dal destino così travagliato, per certi versi rocambolesco, a svelare i segreti di Archimede, come se un regista ci portasse dietro le quinte dello spettacolo mostrandoci gli attori mentre si truccano, provano le battute, scherzano per distendere la tensione[2].

Qui scopriamo come tante sue intuizioni nascano prima per via "meccanica", dunque dalla vita stessa, per poi tradursi in dimostrazioni geometriche rigorose: anche il genio di Siracusa fu "discepolo dell'esperienza"[3], come molti secoli dopo si sarebbe definito Leonardo.

Mentre le immagini di Archimede si moltiplicano rimbalzando dalle sue opere ai racconti degli antichi o al pennello di artisti d'ogni epoca, rimane in noi come un senso di incompiutezza, la netta percezione che ci sia una parte mancante, la sensazione di essere dinanzi a uno spazio non calcolabile, se non per approssimazione, come quel "suo" $\pi$ con cui tentò di misurare il rapporto tra circonferenza e diametro. *La circonferenza di un cerchio è uguale al triplo del diametro più una certa porzione del diametro che è più piccola di 1/7 e più grande di 10/71 del diametro...*

---

[2] Cfr. a questo proposito Mario Geymonat, *Il grande Archimede*, 2007.

[3] "Discepolo della sperienza" (*Codice Atlantico*, 520). Cfr. Daisaku Ikeda, "Lo sguardo universale di Leonardo e il Parlamento dell'Umanità", in *Ai miei cari amici italiani*, 2003, pp. 78-91.

Un numero così irrazionale, così “imperfetto” da dover apparire – a quei Greci cultori dell’interezza e dell’armonia – scandaloso, scomodo, incomprensibile.

Per quanto il poligono iscritto o circoscritto a una circonferenza possa avvicinarsi a essa moltiplicando i suoi lati al punto quasi da toccarla, ci sarà sempre una distanza, una tensione, una parte mancante. Cercando la misura del cerchio, Archimede continua così a dividere, a scomporre i lati dei suoi poligoni – sei, dodici, ventiquattro, quarantotto, novantasei... – senza mai arrivare a destinazione.

Lo scarto inevitabile tra la linea retta e quella curva contiene il mistero dell’esistenza.

Per la stessa ragione mi piace pensare che questa lettera dell’alfabeto greco non sia soltanto un numero ma anche il simbolo e il racconto delle aspirazioni più alte del cuore umano: la ricerca dell’illuminazione, il rigore frammisto alla passione per la verità, l’empatia per percepire i suoni del mondo, lo sforzo di cercare senza posa la cura giusta alle disarmonie; $\pi$ è la lotta per superare i propri limiti, l’anelito alla compiutezza che non potrà mai essere raggiunta ma che insieme sa essere una guida, una stella polare.

In questo lungo viaggio dentro la città, in pochi momenti di grazia ho sperato di sfiorarne i contorni, di percepirne l’essenza, ma nello stesso slancio teso a coglierne il cerchio perfetto ho sentito ogni volta che le linee che tracciavo, i lati del mio poligono, dovevano frangersi e moltiplicarsi ancora in nuove facce e nuovi capitoli, al punto che potrebbero essere infiniti.

Eppure, proprio in virtù di questa tensione, di questa ricerca appassionata, ho imparato che per amare Siracusa bisogna andare oltre la cartolina, oltre l’Antichità che diventa finzione, simulazione da retrobottega cinematografico. Il peplo, le rovine di cartapesta, gli scudi e le lance di plastica dipinta, le leggende a buon mercato, il verso antico declamato con voce altisonante, quando smarrisce la sua verità e diventa lamentosa caricatura.

*Il Teatro visto dalla cosiddetta "casa dei mugnai" posta in cima alla cavea.*
Foto di Daniele Aliffi

Non è lì che vive la grecità, che pur risuona ancora nei suoi monumenti e nel suo teatro, ma nel modo in cui ci si congeda dai morti, nel culto della giovinezza, nella sacralità del grano, nella passione per il racconto che come un cerchio non ha inizio né fine, nell'uso costante del proverbio, nel senso del destino in cui sembrano ancora vive e forti le tre filatrici impassibili. Né è solo greca la colonia che in quel lontano 734 a.C. il corinzio Archia e i suoi uomini fecero ellenica: quella terra era già abitata da popoli che furono invasi, o assimilati, o ancora dispersi e cacciati nell'entroterra.

Molti altri l'avrebbero abitata poi, lasciandovi contemporaneamente doni e condanne: popoli dalla presenza oggi quasi invisibile, consegnata all'oblio, come gli Arabi di Siracusa; uomini vagheggiati come semidei, nonostante l'assenza, come Federico; presenze radicate nel tempo eppure ancora sentite con riluttanza, quando non rifiutate, come gli Spagnoli che qui vissero per secoli, dando forma ai palazzi di Ortigia, lasciando nomi e volti negli abitanti di oggi. Ne rimangono forti i segni, persistenti le memorie, nonostante siano stati abbattuti, quasi a voltare pagina per non pensarci più, i bastioni con cui avevano cinto l'isola-fortezza, o la caserma che oggi conterrebbe il Tempio di Apollo, come fosse uno scrigno o un palinsesto di pietra.

Sono solo alcune immagini della città, che si affastellano e a tratti si contraddicono, tutte vere e insieme parziali, nate da scelte, aspirazioni, cancellazioni, ora studiate, ora irrazionali, emotive. Così, di Siracusa la multanime, questo è solo uno degli alfabeti possibili, una delle infinite combinazioni, il sogno di un viaggio che avrà sempre il segno e lo slancio dell'incompletezza, nutrito com'è da quella vertigine dell'infinitamente piccolo che irrompe nella vita, disarma ogni calcolo, sa riempirci di doni inattesi e insieme fatti di una imperfezione colma di gioia.

# Ringraziamenti

Questo libro, scritto nel corso di alcuni anni, ha avuto in realtà una gestazione molto più lunga e silenziosa. Soprattutto, non sarebbe mai "venuto al mondo" senza l'incontro con persone straordinarie, verso cui nutro un profondo senso di gratitudine.

La prima è mia nonna Felicetta: molti tra i ricordi, le atmosfere, i viaggi sentimentali contenuti in queste pagine seguono i voli della sua mente e l'intreccio delle nostre voci lungo pomeriggi indimenticabili.

Ringrazio Nancy e Alan Canestrari, che mi hanno regalato i mesi americani con cui guardare Siracusa dalla giusta distanza; Tina Strafaci, che ha incoraggiato i primi passi di questa impresa attraverso lunghe e-mail transoceaniche; Paul Salmona, per i suoi raffinati consigli.

Questo dizionario sentimentale ha avuto da subito compagni di viaggio affettuosi e accurati, che ne hanno seguito ogni tappa e ogni lettera, regalandomi preziosi suggerimenti. Non avrei saputo fare a meno di: Roberta Conigliaro, Antonietta Iuculano, Pasqualino Corso e Andrea Norcia, mio padre. Ringrazio Angelica Genovese, mia madre, che a ogni costo mi ha voluta al mondo.

Rivolgo un ringraziamento speciale a Luana Iudica, "compagna d'armi" che ha creduto in questo libro guardando oltre ogni apparenza e ostacolo, salvandomi molte volte dalla sfiducia; devo a lei la lettera Z e l'aver gioito del percorso. E a Padme, amica silenziosa, per aver accompagnato i miei giorni e le mie notti di lavoro.

Ringrazio Patrizia Gasparri, zia Patti, per avermi fatto scoprire da adolescente la magia delle Rappresentazioni Classiche; Maria Pia Reale, per avermi svelato il Teatro Greco; l'Istituto Nazionale del Dramma Antico, per avermi allenata in lunghi anni di lavoro: senza di loro alcuni capitoli del libro non sarebbero gli stessi.

Ho sottoposto il testo a un gruppo di lettori solleciti e attenti, che ne hanno confortato gli esiti o suggerito varianti. A loro va la mia gratitudine: Beatrice Basile, Anna Beltrametti, Maurizio Bettini, Maria Grazia Ciani, Dario Di Blasi, Lorenzo Guzzardi, Beatrice Monroy, Annamaria Piccione, Elena Sinatra.

Nelle sue varie fasi, il testo è stato accompagnato dal sostegno e dall'incoraggiamento di persone preziose: Michela Acquati, Sebastiano Aglianò, Gabriella Barbagallo, Vincenzo Barbarotta, Alessandro Barbero, Carla Bernini, Elena Boccadifuoco, Eva Cantarella, Cristina Carnemolla, Verena Catania, Antonio Correnti, Chiara Corso, Ornella Corso, Marilia Di Giovanni, Corrado Di Maria, Giovanni Di Maria, Giuseppe Fenoglio, Annalucia Gasparri, Fabio Gasti, Lita Genovese, Antonio Gerbino, Manuel Giliberti, Claudia Giordano, Giorgio Ieranò, Francesco Italia, Guido Iudica, Angelo Loia, Renzo Maltese, Angela Maria Manenti, Domenico Mazzaglia, Carlo Monteforte, Luca Nicolini, Salvatore Nicosia, Amedeo Norcia, Valeria Norcia, Clelia Pallotta, Anna Panico, Annamaria Panico, Chiara Piana, Corrado Piccione, Sergio Piscitello, Alessandra Privitera, Galatea Ranzi, Viviana Ricci, Toni Sorano, Marco Vigevani, e i compagni di fede della Soka Gakkai.

Ringrazio Angela Di Luciano, per aver creduto senza riserve in questo libro, facendo sì che "trovasse casa" in uno spazio fatto di competenze, dialogo e libertà come VandA. In particolare rivolgo un ringraziamento a Donatella Scaparra, a Maurizio Lupi Meyer e allo staff di VandA. ePublishing per la dedizione e la cura.

Ringrazio infine Daisaku Ikeda, il mio Maestro, per avermi insegnato che ogni vita è immensa.

# Crediti

Le immagini dell'*Annunciazione* di Antonello da Messina (1474, olio su tavola trasportata su tela, cm 180 x 180; foto di Daniele Aliffi), della *Venere Landolina* (II sec d.C., marmo, altezza cm 165,5; foto di Aldo Palazzolo) e dei *beni archeologici* (foto di Daniele Aliffi, Mario Dondero) sono state pubblicate su concessione, rispettivamente, della Galleria Regionale di Palazzo Bellomo-Museo interdisciplinare (dove l'opera è ubicata), del Museo Archeologico Regionale Paolo Orsi (dove l'opera è ubicata) e della Soprintendenza per i Beni Culturali e Ambientali di Siracusa, Assessorato dei Beni Culturali e dell'Identità Siciliana-Dipartimento dei Beni Culturali e dell'Identità Siciliana.

# Riferimenti bibliografici


## Aretusa

Ovidio, *Le Metamorfosi*, Rizzoli, 2006 [1994].

Virgilio, *Eneide*, Einaudi, 1995 [1989].

## Bagno ebraico: *miqweh*

Scandagliato A., Mulè N., *La Sinagoga e il bagno rituale degli ebrei di Siracusa*, a cura dell'Associazione italiana per lo studio del giudaismo, Giuntina, 2002.

## Cave di pietra: latomie

Cicerone Marco Tullio, *Il processo di Verre*, Rizzoli, 2000 [1992].

Euripide, *Le Troiane*, Feltrinelli, 2008.

Plutarco, *Vite parallele, Nicia e Crasso*, a cura della Fondazione L. Valla, Mondadori, 1993.

Quasimodo S., *Tutte le poesie*, Mondadori, 2003.

Tucidide, *La guerra del Peloponneso*, Rizzoli, 1993 [1985].

## Dionisio

Braccesi L., Millino G., *La Sicilia greca*, Carocci, 2000.

Diodoro Siculo, *Biblioteca Storica*, Sellerio, 1986 (libri I-V), 1992 (libri XI-XV).

Marini M., *Caravaggio*, Newton Compton, 1989.

Militello P., "Il disegno della Storia, Vincenzo Mirabella e le antiche Siracuse (1612-1613)", *Rivista Storica Italiana*, Anno CXXII, Fasc. III, Edizioni scientifiche italiane, 2010.

Mirabella V., Bonanni G. *et al.*, *Delle antiche Siracuse*, vol. II, Arnaldo Forni, 1987 [ristampa anastatica dell'edizione di Palermo del 1717].

Musti D., *Storia greca*, Laterza, 1990.

Platone, *Lettere*, Rizzoli, 2001 [1986].

Plutarco, *Vite parallele, Dione e Bruto*, Rizzoli, 2000.

Privitera S., *Storia di Siracusa antica e moderna*, 2 voll., Arnaldo Forni, 1986 [ristampa anastatica dell'edizione di Napoli, 1878-1879].

## Estasi

Bonajuto V., *Il teatro all'aperto*, Sindacato italiano arti grafiche, 1928.

Cosentini G., *I miti, il tempo perduto, la grecità in Tomasi di Lampedusa*, Coppola, 2002.

Cucchetti G., *Ettore Romagnoli*, Istituto Nazionale del Dramma Antico, 1964.

de Maupassant G., *La Venere di Siracusa*, Ediprint, 1987.

Norcia G., *L'isola dei miti. Racconti della Sicilia al tempo dei Greci*, VerbaVolant, 2013.

Romagnoli E., *Lo Scimmione in Italia*, Zanichelli, 1919.

Tomasi di Lampedusa G., *Il Gattopardo*, *La sirena*, in *Opere*, Mondadori, 1995.

## Ferite

Adorno A., *In cima alla Sperduta*, Morrone, 2001.

Agnello S.L., Giuliano C.V., *I Guasti di Siracusa. Conversazione sulle vicende dell'urbanistica siracusana*, Sandro Teti, 2001.

Centanni M. (a cura di), *Artista di Dioniso. Duilio Cambellotti e il Teatro Greco di Siracusa 1914-1948*, Electa, 2004.

Cicerone Marco Tullio, *Il processo di Verre*, Rizzoli, 1992.

De Amicis E., *Ricordi d'un viaggio in Sicilia*, Edi.bi.si, 2005.

Di Falco L., *L'inferriata*, VerbaVolant, 2012 [Rizzoli, 1976].

Dolci D., *Il Limone lunare. Poema per la radio dei poveri cristi*, Laterza, 1970.

Fava G., *I Siciliani*, Cappelli, 1980.

Fava G., *Un anno*, Fondazione Giuseppe Fava, 2003.

Gargallo di Castel Lentini G., *Le Ceneri di Ortigia*, Emanuele Romeo, 2003 [1973].

Randazzo R., *La città verticale*, Schena, 1985.

*Rapiditas. Rivista illustrata delle riunioni automobilistiche in Sicilia*, Regione Siciliana-Assessorato BB.CC.AA. P.I., 2009 [ristampa anastatica di *Rapiditas*, n. 2, 1907].

Ruscica A., *Christiane Reimann*, Ombra, 1989.

Salemi R., *Il nome di Marina*, Rizzoli, 2005.

Vallet G., Voza G., *Dal Neolitico all'era industriale nel territorio di Augusta e Siracusa*, Assessorato regionale BB.CC.AA. e P.I., Soprintendenza alle antichità per la Sicilia orientale, 1984.

## Giudecca

Alajmo R., *L'arte di annacarsi. Un viaggio in Sicilia*, Laterza, 2010.

De Luca E., *Opera sull'acqua*, Einaudi, 2002.

Scandagliato A., Mulè N., *La Sinagoga e il bagno rituale degli ebrei di Siracusa*, a cura dell'Associazione italiana per lo studio del giudaismo, Giuntina, 2002.

## Hamdîs

Amari M., *Biblioteca arabo sicula*, Arnaldo Forni, 1981 [ristampa dell'edizione di Torino, 1880-1881].

Amari M., *Storia dei musulmani di Sicilia*, Brancato, 2003 [Le Monnier, 1854-1872].

Corrao F.M. (a cura di), *Poeti arabi di Sicilia*, Mesogea, 2002 [Mondadori, 1987].

Ibn Hamdîs, *Il Canzoniere*, Sellerio, 1998.

## Invidia

Agnello G., *L'architettura sveva in Sicilia*, Collezione meridionale editrice, 1935.

Bottari S., *Monumenti svevi di Sicilia*, Brancato, 2000.

Cassataro L., *Guida del Castello Maniace*, Erre Produzioni, 2004.

Privitera S., *Storia di Siracusa*, 2 voll., Arnaldo Forni, 1986 [ristampa anastatica dell'edizione di Napoli, 1878-1879].

Tito Livio, *Storia di Roma dalla sua fondazione*, Rizzoli, 1986.

Voza C., *Archimede, Siracusa e il suo genio*, Arnaldo Lombardi, 2002.

Voza C., *Guida di Siracusa*, Erre Produzioni, 1994.

## Lucia

Aureli M.L., *Il popolo di Lucia. Gli sguardi della devozione*, Onda, 2008.

Bergadano E., *Lucia*, San Paolo, 2003 [1989].

## Morti

Bufalino G., *La luce e il lutto*, Sellerio, 1990.

Calasso R., *Le nozze di Cadmo e Armonia*, Adelphi, 1991.

Cassola C. (a cura di), *Inno a Demetra*, in *Inni Omerici*, Fondazione L. Valla-Mondadori, 1991.

*Donneregine*, testo di A. Barbagallo, schede archeologiche di G. Ancona, Ombra, 1990.

Graves R., *I miti greci*, Longanesi, 1994.

Patti E., *Un bellissimo novembre*, Bompiani, 2002 [6ª edizione].

Sgarlata M., *S. Giovanni a Siracusa*, Pontificia Commissione di Archeologia Sacra, 2004 [Coll. Catacombe di Roma e d'Italia].

Sofia C., *Gente di Sicilia*, Il lunario, 1995.

## Noto

AA.VV., *Noto città ideale*, Erre Produzioni, 2010.

Amato S., *Dall'Olympieion all'Assinaro*, vol. III, VerbaVolant, 2008.

Braccesi L., *Giovanni Millino, La Sicilia greca*, Carocci, 2000.

Brandi C., *Sicilia mia*, Sellerio, 2003.

Guzzardi L., Bares M.M. (a cura di), *Frammenti medievali. Da Noto antica al Museo Civico di Noto*, Emanuele Romeo, 2010.

Mirisola R., Polacco L., *Contributi alla paleogeografia di Siracusa e del territorio siracusano (VIII-V sec. a.C.)*, Istituto Veneto di Scienze, Lettere e Arti, 1996.

Musti D., *Storia greca*, Laterza, 1989.

Tobriner S., *La genesi di Noto*, Dedalo, 1989.

## Ortigia

Agariglia S., *L'Athenaion di Siracusa*, Lettera Ventidue, 2009.

Agnello G., *Guida del Duomo di Siracusa*, Mascali, 1964.

Cicerone Marco Tullio, *Il processo di Verre*, Rizzoli, 2000 [1992].

Dufour L., Raymond H., *Siracusa tra due secoli. Le metamorfosi dello spazio (1600-1695)*, Arnaldo Lombardi, 1998.

Fillioley P., *Schegge e schizzi*, Flaccavento, 1986.

Gargallo M.T., "L'ammiraglio Nelson a Siracusa", in *Momenti di Storia Siracusana*, a cura di S. Russo, Società Siracusana di Storia Patria, 2004 [ristampa anastatica dell'edizione del 1961].

Gazzè L., *Carlo Broggi ingegnere siracusano*, Morrone, 2009.

Giansiracusa P., *La valle dell'Anapo e il Leontinoi nelle terre di Hyblon e Thukles. L'arte e l'architettura*, a cura di M. Papa, Edizioni "HT" del Gal Hyblon-Thukles, 2008.

Guzzardi L., "Un secolo dopo Orsi. I nuovi scavi nel Tempio Ionico", in *Il Tempio Ionico di Siracusa*, a cura di G. Voza, Erre Produzioni, 2013, pp. 28-49.

Liistro M., *Ortigia. Memoria e futuro*, Edizioni Kappa, 2008.

Madeddu A., *Ortigia… tra il mare e il mito*, Morrone, 2009.

Martoglio N., *Centona. Raccolta completa di poesie siciliane*, Eurostampa, 2008.

Meli G., *Poesie scelte*, Antares, 2004.

Monteforte C.A., *Siracusa, Il romanzo di una grande città del Mediterraneo*, Arnaldo Lombardi, 2008.

*Piazza Archimede Siracusa: da isolato di Sant'Andrea a nuovo ambiente urbano*, a cura della Regione Siciliana, Assessorato BB.CC.AA., Emanuele Romeo, 2002.

Piccione C., *Figure e fatti di vita siracusana*, Emanuele Romeo, 2003.

Romano M. (a cura di), *Il gran terremoto del 1693 a Siracusa*, Emanuele Romeo, 1993.

Romano M., *Le gelosie panciute di Siracusa*, Emanuele Romeo, 1992.

Servito E., *Il Sigillo della Regina Maria di Castiglia conservato all'Archivio di Stato di Siracusa*, Morrone, 2008.

*Siracusa nelle immagini di Angelo Maltese*, progettazione e ideazione Archivio Storico Maltese, Morrone, 2011.

Trigilia L., *Siracusa. La piazza e la città*, Domenico Sanfilippo, 2000.

Voza C., Rubino L., *Guida di Siracusa*, Erre Produzioni, 1994.

Voza G. (a cura di), *Il Tempio Ionico di Siracusa*, Erre Produzioni, 2013.

## Platone

Banfi A., *Socrate*, Mondadori, 1984.

Cerri G., *La poetica di Platone, una teoria della comunicazione*, Argo, 2009.

Diogene Laerzio, *Vite dei filosofi*, vol. I, Laterza, 2010.

Isnardi Parente M. (a cura di), *Lettere ai tiranni di Sicilia*, Sellerio, 1985.

Platone, *Apologia di Socrate*, Marsilio, 1994.

Platone, *Fedro*, Einaudi, 2011.

Platone, *Lettera VII*, Sellerio, 1985.

Platone, *Lettera sulla tirannide*, Occidente Libri, 2008.

Platone, *Repubblica*, Bompiani, 2009.

*Platone a Siracusa, Lettera VII*, Soprintendenza ai Beni Culturali, 2006.

Reale G., *Saggezza antica, terapia per i mali dell'uomo di oggi*, Raffaello Cortina, 1995.

## Quadro

Calasso R., *Le nozze di Cadmo e Armonia*, Adelphi, 1991.

Di Marzo G., "Di Antonello da Messina e dei suoi congiunti", in *Delle cose di Sicilia. Testi inediti o rari*, a cura di L. Sciascia, Sellerio, 1996, vol. II, pp. 188-240.

Li Vigni A., Campione F.P., *Sacre conversazioni. Immagini dell'Annunciazione nei musei siciliani*, Edizioni di Passaggio, 2007.

Lucco M. (a cura di), *Antonello da Messina, l'opera completa*, Silvana Editoriale, 2006.

Sciascia L. (a cura di), *Delle cose di Sicilia. Testi inediti o rari*, 2 voll., Sellerio, 1996.

Sofia C., "Perché Antonello tornò in Sicilia", in *Gente di Sicilia*, Il lunario, 1995, pp. 5-10.

## Ristoro

Agnello Hornby S., *Un filo d'olio (con 28 ricette di Chiara Agnello)*, Sellerio 2011.

Buzzanca M., Falcone N., Falcone L., La Spada A. (a cura di), *Cucina siciliana*, Editrice Pungitopo, 1996.

Croce M., *Guida ai sapori perduti*, Kalòs, 2008.

*Sicilia a tavola*, Bonechi, 2010.

Uccello A. (a cura di), *Del mangiar siracusano*, Ente Provinciale Turismo Siracusa, 2000 [1969].

## Sud

Aliffi A. (a cura di), *Il "Buzzettu sarausanu"*, Italia Nostra-Società Siracusana di Storia Patria, 2002.

Brancati V., *Don Giovanni in Sicilia*, Bompiani, 1986.

Brancati V., *Gli anni perduti*, in *Opere 1932-1946*, a cura di L. Sciascia, Bompiani, 1987.

Bufalino G., Zago Nunzio, *Cento Sicilie*, Bompiani, 2008 [1976].

Cantarella E., *Itaca. Eroi, donne, potere tra vendetta e diritto*, Feltrinelli, 2008.

Euripide, *Medea*, Marsilio, 2002.

Kerény K., *Figlie del Sole*, Bollati Boringhieri, 1991.

Lazzaro Danzuso G., Gambino G., *Vindicari*, Domenico Sanfilippo, 1991.

Maiorca E., *Siracusa*, Erre Produzioni, 2007.

Morreale F., *Tonnare di ritorno*, Natura Sicula Onlus, 2009.

Nifosì L., *In volo sulla Sicilia*, testi di D. Fernandez, Arsenale, 2008.

Omero, *Iliade*, Marsilio, 2010 [2003].

Omero, *Odissea*, Marsilio, 2005 [2001].

*Vendicari*, a cura dell'Ente Fauna Siciliana, progetto e coordinamento di R. Canzoneri, Edizioni Arbor, 2008.

## Teatro

Albini U., *Maschere impure. Spettri, assassini, amori e miserie nei drammi greci*, Garzanti, 2005.

Anti C., *Guida per il visitatore del teatro antico di Siracusa*, Sansoni, 1948.

Baldry H.C., *I greci a teatro. Spettacolo e forme della tragedia*, Laterza, 2005 [18ª edizione].

Beltrametti A., *La letteratura greca. Tempi e luoghi, occasioni e forme*, Carocci, 2005.

Beltrametti A. (a cura di), *La storia sulla scena. Quello che gli storici antichi non hanno raccontato*, Carocci, 2011.

Cassataro L., *Siracusa. Guida al Parco Archeologico*, Morrone, 2006.

Centanni M., "Rappresentare Atene", in Eschilo, *Tragedie*, Mondadori, 2003, pp. XI-LVIII.

Di Benedetto V., Medda E., *La tragedia sulla scena. La tragedia greca in quanto spettacolo teatrale*, Einaudi, 2002.

Erodoto, *Le Storie*, *Libro I*, Fondazione L. Valla-Mondadori, 2001 [1988].

Giliberti E., Faraci L., *La scena ritrovata*, Arnaldo Lombardi, 2003.

Paduano G., *Il teatro antico*, Laterza, 2005.

Plutarco, *Esilio*, M. D'Auria, 1995.

Plutarco, *Vite parallele, Emilio Paolo e Timoleonte*, Rizzoli, 1996.

Polacco L., *Il teatro antico di Siracusa*, Edizioni Dell'Ariete, 1992.

Russo S., *Il viaggiatore curioso. Lettere di Denon e Houël a Landolina*, Arnaldo Lombardi, 1993.

Sammartano G., "Marinetti e Le Coefore del 1921. Contestazione futurista al Teatro Greco di Siracusa", *Dioniso, Annale della Fondazione INDA*, n. 2, 2003.

Vallet G., Vallet Mascoli L. (a cura di), *Siracusa antica*, Arnaldo Lombardi, 1993.

Voza C., *Guida di Siracusa*, Erre Produzioni, 1994.

Voza G., *Siracusa – Il Teatro Greco: l'eccezionalità, in Orestiade di Eschilo*, programma di sala del XLIV Ciclo di Spettacoli Classici, Fondazione INDA, 2008.

## Usoantico

Burgaretta S., *Cultura materiale e tradizioni popolari nel siracusano*, Morrone, 2002.

Collura M., *Sicilia sconosciuta. Itinerari insoliti e curiosi*, Rizzoli, 2000 [1984].

Consolo V., *Le pietre di Pantalica*, Mondadori, 1988.

*I Pupi siciliani* (Guide Demetra), Almaeditore, 2007.

Mauceri A. (a cura di), *I tasselli dell'opra, Tassello I. Per una lettura delle opere di Vaccaro*, Centro Studi sull'opra siracusana, 2006.

Mauceri A. (a cura di), *I tasselli dell'opra, Tassello IV. Dai Puzzo ai fratelli Mauceri*, Centro Studi sull'opra siracusana, 2007.

Teocrito, *Idilli ed epigrammi*, Rizzoli, 2008 [1993].

Uccello A. (a cura di), *Del mangiar siracusano*, Ente Provinciale Turismo Siracusa, 2000 [1969].

Uccello A., *La civiltà del legno in Sicilia. Contadini e pastori iblei*, Vito Cavallotto, 1992.

Virgilio, *Bucoliche*, Garzanti 1981.

## Vittorini

Madeddu A., *La peste del sonno*, Edizioni dell'Ariete, 1993.

Minoia C. (a cura di), *Gli anni del Politecnico*, Einaudi, 1977.

Vittorini E., *Diario in pubblico*, Bompiani, 1999 [1957].

Vittorini E., *Conversazione in Sicilia*, Bompiani, 2007 [ristampa anastatica dell'edizione del 1953].

Vittorini E., *Il garofano rosso*, in *Le opere narrative*, vol. I, Mondadori, 1974.

Vittorini E., *Le città del mondo*, in *Le opere narrative*, vol. II, Mondadori, 1974.

Vittorini I., *Mio fratello Elio* (2 voll.), Ombra, 1989.

## Zucchero

Di Leo M.A., *I dolci siciliani*, Newton Compton, 2007 [1998].

Gambino D., *101 storie sulla Sicilia che non ti hanno mai raccontato*, Newton Compton, 2010.

Piccione A., *Un'isola di zucchero e miele, con ricette di A. Liistro*, VerbaVolant, 2012.

Uccello A. (a cura di), *Del mangiar siracusano*, Ente Provinciale Turismo Siracusa, 2000 [1969].

## Epilogo (π)

Archimede, *Opere*, a cura di Attilio Frajese, UTET, 1988.

Diodoro Siculo, *Biblioteca Storica* (libri I-V), Sellerio, 1986.

Geymonat M., *Il grande Archimede*, Sandro Teti, 2007.

Ikeda D., *Ai miei cari amici italiani*, Istituto Buddista Italiano Soka Gakkai, 2003.

*Le chiavi del pensiero di Archimede*, Catalogo di Arkimedeion – Il Museo di Archimede, Editinera, 2011.

Midolo P., *Archimede e il suo tempo*, Arnaldo Lombardi, 1989 [ristampa dell'edizione *Siracusa. Il Tamburo*, 1912].

Piccione A., *Siracusa tra realtà e fantasia. La storia della città raccontata ai più piccoli dalla fondazione al cristianesimo*, Emanuele Romeo, 2005.

Polibio, *Storie*, vol. IV (libri VII-XI), Rizzoli, 2002.

Plutarco, *Vite parallele, Pelopida e Marcello*, Rizzoli, 2000.

Tito Livio, *Storia di Roma dalla sua fondazione*, vol. VII (libri XXIII-XXIV), Rizzoli, 1994.

Voza C., *Archimede. Siracusa e il suo genio*, Arnaldo Lombardi, 2002.

## Siti web istituzionali

*www.regione.sicilia.it*

*www.comune.siracusa.it*

*www.comune.noto.sr.it*

*www.palazzolo-acreide.it*

## Musei

Arkimedeion – Museo scientifico e tecnologico *www.arkimedeion.it*

Casa museo Antonino Uccello *www.regione.sicilia.it/beniculturali/casamuseouccello*

Galleria Regionale di Palazzo Bellomo *www.regione.sicilia.it*

Museo Archeologico Regionale Paolo Orsi *www.regione.sicilia.it*

Museo dei Pupi *www.teatrodeipupisiracusa.it*

Museo del Cinema di Siracusa *www.museodelcinemadisiracusa.it*

Museo del Mare di Siracusa *www.siracusamuseodelmare.it*

Museo del Papiro *www.museodelpapiro.it*

## Siti di interesse culturale e tv digitali di approfondimento archeologico

Archeologia Viva *www.archeologiaviva.it*; *www.archeologiaviva.tv*

Archivio Storico Fotografico Maltese *www.archiviostoricofotograficomaltese.it*

Archivio Storico Istituto Luce *www.archivioluce.com*

Associazione Siracusa Terzo Millennio *www.siracusaterzomillennio.it*

Centro Internazionale di Studi sul Barocco *www.centrostudibarocco.it*

CRIMTA – Centro di Ricerca Interdipartimentale Multimediale sul Teatro Antico *www.crimta.unipv.it*

Fedarcine (Féderation Européenne des Festivals du Film d'Archéologie et du Patrimoine) *www.fedarcine.com*

Istituto Nazionale del Dramma Antico (INDA) Fondazione Onlus *www.indafondazione.org*

Rassegna Internazionale del Cinema Archeologico (Museo Civico di Rovereto) *www.museocivico.rovereto.tn.it*

Regione Siciliana – Assessorato dei Beni Culturali e dell'Identità Siciliana. Centro Regionale per l'inventario, la catalogazione e la documentazione *www.cricd.it*

Società Siracusana di Storia Patria *www.storiapatriasiracusa.org*

*www.sperimentarea.tv*

# Indice analitico dei principali luoghi e monumenti citati